発達障害のある子と家族が幸せになる方法

コミュニケーションが変わると子どもが育つ

言語聴覚士・社会福祉士
原哲也

学苑社

はじめに

◇幸せをめざしたい

1991年の春、青空が広がる日曜日の朝。同僚のクラウディと私の会話です。

クラウディ　天気もいいし、教会のミサの後でビーコンヒルパークのカフェに行こうよ！

私　いいね！　アリアンは海が見える窓際の席がお気に入りだったよね。

クラウディ　うん。あの店はホントに海の眺めがいいもの。ジェフリーなんかあそこに行くと「海が綺麗、海が綺麗」って何回も言うものね。

私　マイクはあの店のケーキが好きなんだよね。こないだなんてラージサイズのバナナローフを「もう1個！」って言うからびっくりした。

クラウディ　そうだった、そうだった。

私　オーケー！じゃあ、みんなに伝えておくよ。

今から27年前、カナダのバンクーバーの西にあるビクトリア島で、大学を卒業したての私は障害者施設の指導員をしていました。そこでは入所者は一人ひとり個室に暮らし、それぞれが自分の部屋で、自分の趣味や嗜好を思う存分楽しんでいました。

ものすごい数のビデオをきちんと並べて毎日拭いて眺めることを日課としているジェフリー、ハムスターを愛情たっぷりに育てるマイク、プロレスが大好きでパンフレットをたくさん集めては自慢するアリアン。

彼らの部屋はどの部屋も見事なまでに個性豊かな部屋でした。

彼らは日曜日には地域の人が集まる教会に行き、天気のいい日は湖畔を散歩します。出かけるときは好きな服を選び、おしゃれをして出かけます。

そこにはその人らしさ、仲間、楽しみや地域の人との交流が日常的にあり、その中で笑い声がたくさん聞こえる生活でした。

彼らは間違いなく幸せを感じながら日々を暮らしていました。

その後、私は日本で言語聴覚士として、発達障害のある子の療育に携わるようになりました。

以来20年余、相談や臨床という形で発達障害のあるたくさんの子どもたちと、そして彼らと共に暮らす保護者たちと出会い、関わる中で、私はひとつの志を立てました。それは、

「発達障害のある子と家族に幸せを実感しながら生きてほしい。私はそれを応援する」


という志です。

どうしたら発達障害のある子とその家族が幸せを実感しながら日々を生きていけるようになるか。

私はそれを考え続け、その志をさらに実現すべく法人を立ち上げました。

現在、発達支援事業所を開所・運営するとともに、プライベートレッスンや親子のワークショップや講演会を開催しています。

私がこの本を書こうと思ったのも、その志のためです。

この本で、私は皆さんに発達障害のある子とその家族が幸せをみつけ、育てていく方法をお伝えしていこうと思います。

◇幸せとは何か

ところで、幸せとは何でしょう？　この問いに簡単に答えることはできません。

ただ幸せについて私なりに考え、カナダで見た光景やこれまで出会った子どもや保護者のことを思い出す中で、幸せの「基本」は、

「自分っていいじゃん！」と思える
自分は尊重されていると感じられる
自分らしさを認めてもらえている
楽しいことがある

ことと思うようになりました。

発達障害のある子にもこんな風に感じてほしい。

誰とも違うかけがえのない存在として「自分らしくいられる」「尊重されている」「認められている」「楽しい」と感じ、幸せを感じながら日々を暮らしてほしいのです。

◇「鍵」はコミュニケーション

子どもが、かけがえのない存在として、幸せを感じながら生きる。

その家族も、かけがえのない存在として、幸せを感じながら生きる。

その「鍵」となるのが「コミュニケーション」です。


私はこれからこの本で、コミュニケーションのコツを6つのポイントに分けてお伝えしていきます。

6つのポイントを押さえて子どもと関わることで、子どもとのコミュニケーションが大きく変わります。


「自分らしくいられる」「尊重されている」「認められている」「楽しい」

こんな風に、子どもが幸せを感じるコミュニケーションになるのです。

そのようなコミュニケーションは子どもにとっても家族にとっても、それ自体が「幸せ」そのものです。

それだけではありません。

コミュニケーションが変わると子どもの個性が輝きだし、子どもが伸び伸びと、ぐんぐんと成長を始めます。

保護者の皆さんも、

「子どもの行動の理由がわかるようになった」

「子どもたちがイキイキしてきた」

「子どもとのやりとりが楽しくなった」

「家庭が明るくなった」

と感じられるようになります。

そうした中で暮らしに、「幸せだなあ」と感じられる瞬間が増えていきます。

子どもも家族も幸せを実感しながら日々を暮らしていけるようになるのです。

◇主人公は子どもと家族

発達障害のある子と家族の周りにはさまざまな課題があります。

子ども自身の発達のこと、周囲の人たちとの関係のこと、進学・進路のこと……。
中にはすぐには解決できないことがあるのも確かです。
でも、だからといって発達障害のある子と家族が幸せをみつけられないということはありません。

コミュニケーションが変わることで、今、この瞬間から、発達障害のある子と家族が幸せをみつけて育て、幸せを実感しながら日々を暮らすことはできるのです。

実際、コミュニケーションが変わることで、たくさんの発達障害のある子と家族がそれぞれの幸せをみつけて育てていく姿を私は見てきました。

大切なのは、お子さんと保護者が「ご自分たち自身で」幸せをきちんとみつけて育てることです。

私は療育者として、それを後ろから応援します。
そのためにこの本に私の22年の経験をできる限り「ぎゅー」と絞り出しました。
どうかお子さんとご家族で一緒に幸せをみつけて育ててください。その過程と、そして「幸せを実感しながら日々を暮らしている」ことは、さまざまな課題に向かい合うとき、子どもと家族を力強く支えます。

この本で皆さんがコミュニケーションのコツを知って、「よ〜し！ ウチの子と一緒に幸せをみつけて育てていくぞ！」と思ってくださったら、コミュニケーションが変わって毎日の生活の中でお子さんと家族が幸せを実感してくださったら、本当に嬉しいです。

２０１８年７月 著者

はじめに

第2章 ポイント② どうしてほしいの？

尊重されたい・安心したい・信頼したい・有能でありたい・楽しみたい・人とつながりたいという子どもの思いを充たす

第4章 ポイント④ どうやって遊んであげたらいいの？

大人はガイド！　子どもと遊ぶコツを覚える

第5章 ポイント⑤ どうやって助けてあげたらいいの？

援助することで自尊心を育てる・子どもに親切に、そして信頼を育む

序章

コミュニケーションって何だろう?

子どもと協力して共通の幸せな瞬間を創る

◇コミュニケーションの意味

「はじめに」でお話ししたように、この本で私は、「コミュニケーション」のコツについてお伝えしていきます。

その前にここで、私がコミュニケーション、特に子どもと家族のコミュニケーションをどのようにとらえているかについて、少しお話ししようと思います。

一般的にはコミュニケーションは、「自分の考えや感情を他の誰かに伝えること」だと考えられています。

でも、私はコミュニケーションをもう少し違った風にとらえています。

コミュニケーションは英語でCOMMUNICATIONと書きます。これは、ラテン語のcommunis（common・public・共通の）、communio（交わり・comm［共に］unio［一致］）、munitare（舗装する・通行可能にする）の合成語で、直接の意味は「交わりによって共に共通のものを作り出す」ということになります。**つまりことばのもともとの意味からするとコミュニケーションとは、「人が共に、共通のものを作り出す」という**

ことなのです。

「共に」「共通のもの」

この2点が実はコミュニケーションという営みの「肝（キモ）」だと私は考えます。

では、「共通のもの」とは何でしょうか。

それは誰と誰と間の、どんなコミュニケーションなのかによって異なります。

そしてこの本のテーマである「子どもと家族の間のコミュニケーション」について言えば、その「共通のもの」とは「子どもと家族が共に幸せを感じる瞬間や経験」だと私は思うのです。

子どもと家族のコミュニケーションは、単にお互いの考えや感情を伝えることにとどまるものではありません。それを超えて、子どもと家族が幸せだなあと感じる瞬間や経験を創る営みである、私はそう考えています。

もうひとつ大事なことはコミュニケーションが、「共に」作りだす、つまり「協力しあう」ことで成り立つことです。

子どものコミュニケーションがうまくいかない、うちの子はコミュニケーションが苦手で困る、という悩みを保護者から聞くことがあります。

けれどコミュニケーションが「協力して成り立つ」ものであるならば、コミュニケーションがうまくいかないときは、子どもと家族両方の「協力のしかた」に問題があるのです。

決して、子どものあり方「だけ」に問題があるわけではありません。

例えば、話を聞かない、反応しない、こっちを見ない、暴れるなどという子どもの行動「だけ」が、コミュニケーションのうまくいかない原因ではないのです。

だとすれば、子どもを変化させることだけが子どものとのコミュニケーションを改善する方法ではありません。子どもと親との「関係を変えること」、つまり、親が工夫することによって、子どもとのコミュニケーションを達成することができます。

子どもとのコミュニケーションの改善において、親ができることが必ずあるのです。

このように、私は子どもと家族のコミュニケーションを、「子どもと協力して共通の幸せな瞬間を創ること」ととらえています。

◇コミュニケーションが変わる

コミュニケーションをこのようにとらえなおすと、子どもと家族のコミュニケーションの様相は変わります。

「はじめに」で私は、コミュニケーションが変わることで子どもと家族が幸せを感じられるようになる、子どもが伸び伸びと成長するようになる、この本でそのコツをお伝えする、と書きました。

その最初のコツが、コミュニケーションを「子どもと協力して共通の幸せな瞬間を創ることととらえること」です。

これからお伝えするコミュニケーションのコツを活かすには、このことを意識していただくことが重要です。

第1章

ポイント①

発達障害のある子にはどんな特徴があるの？

脳の機能的特性がさまざまな特徴をもたらす

この章では、定型発達の子どもとは異なる、発達障害のある子の特徴についてお話しします。ひとつ留意していただきたいのは、すべての発達障害のある子がここでお話しするような特徴をもつわけではない、という点です。子どもによって特徴はさまざまです。

目の前にいる子どもをよく見て、「その子の」特徴に目を向けることが大事です。

① 発達障害のある子の特徴①

――発達のしかたが平均からずれている・偏りや凸凹がある

◇発達障害のある子の発達の独自性は脳の機能的特性による

発達障害について、まず理解すべきことは、「発達障害は先天的な脳の機能的な特性を原因として起こる」という点です。

決して、育て方や愛情不足や育った環境によるものではありません。

視線が合わない、落ち着きがない、言うことを聞かない、ことばが出ない、こだわりが強い、かんしゃくが激しい、夜寝ない、偏食が激しい、友だちに興味を示さないなどといった発達障害のある子の発達の独自性は、脳の機能的特性によるものです。

そして、発達障害は珍しくはありません。

2012年の文部科学省の調査*では、公立小、中学校の通常学級の生徒の6・5パーセント、15人に1人が何かしらの発達障害の疑いがある、という結果が出ています。

しかし、この「発達障害の疑いがある」子ども全員が発達障害とされるわけではありません。

先ほど挙げた「落ち着きがない」「こだわりが強い」などの特徴がわずかな場合、それは気質やいわゆる〝発達のマイペースさ〟であることも多いのです。つまりそういう性格だということです。

では「発達障害」かどうかをどこで区別するかというと、基準は「その特徴があることでの生活にし難さ（＝生活障害）があるかどうか」です。その特徴のせいで生活がし

＊「通常の学級に在籍する発達障害の可能性のある特別な教育支援を必要とする児童生徒に関する調査」（2012年）

にくい、困ることが多い場合に「発達障害」と考えます。

ただ、どれだけ生活障害があったら発達障害という明確な線引きができるものではありません。つまり、発達的特徴を示す子どもと、発達障害とされる子どもとは連続しています。

◇発達障害の定義

「『発達障害』とは、自閉症、アスペルガー症候群その他の広汎性発達障害、学習障害、注意欠陥多動性障害その他これに類する脳機能の障害であってその症状が通常低年齢において発現するものとして政令で定めるものをいう*」とされます。

これらの症状は単独で現れることもありますが、自閉スペクトラム症的な症状とADHD的な症状の両方が現れることもあります。（図1）

＊　発達障害者支援法（2004年制定）

図1　発達障害の主な診断名と特徴

◇受診、診断、療育

発達障害のある子の発達の遅れは、保護者自身や幼稚園・保育園・学校の先生が気付いたり、乳幼児健診で指摘されることでみつかります。「発達障害かもしれない」と思うと保護者は、行政の行う発達相談やことばの相談を訪れます。

そこで専門家から発達障害の可能性があると言われると保護者が悩まれるのが、「医療機関を受診して医師の診断を受けるか」ということです。

受診については、

「わが子に診断名をつけられるということで、子どもと自分の人生を決定づけられたと感じてしまった」

「受診をするとき、何を言われるか、自分自身が重圧で潰されそうで怖かった」

ということばを保護者から聞くことがあります。

医療機関の受診は保護者にとって、大変に勇気がいる決断なのだと思います。

受診をめぐる事情としては次のようなことがあると思います。

発達障害の診断は小児神経科、児童精神科などの医療機関の医師が国際的な診断基準（DSM-5やICD10など）に沿って行います。

医師の診断を受けて、例えば「自閉スペクトラム症」などとの診断名が出ていると、子どもに関わる家族、専門家、教諭などが理解と支援の方向性を共有しやすくなります。特に手厚い専門的支援を必要とする子どもの場合、方向性の共有ができることは意味があります。

また、医療機関で療育サービスを受ける場合や睡眠の調整などにおいて投薬治療を要する場合には、発達障害との医師の診断が出ている（疾患であるとの認定がされている）必要があります。

診断名については、医師によって採用する診断基準や診断名が異なることもあることを知っておいていただきたいと思います。

一方、診断名がつくことで、これこれの診断名がついた「から」この子にはこれこれはできないというように、その子の状況を固定的にとらえてしまう可能性はあります。

しかし、診断名はあくまでも子どもの理解と対応の指針にすぎません。

診断名が同じでも、その子の示す特性や課題は一人ひとり違います。目の前のその子の今の状態を個別によく見て必要な対応をしていく姿勢は、子どもに関わる保護者、専門家、教諭、すべての人に常に求められることだと思います。

また診断名がつくことで周囲の大人が子どもを「普通の子と違う子」ととらえてしまい、いわゆる「溝」や「隔たり」ができてしまって、その子が子ども集団や社会と交わりにくくなる、というデメリットもないわけではありません。

そして場合によっては、診断をした上で専門家を中心に支援していくよりも、むしろ周囲の大人が子どもの状況について適切な理解をして対応していくことが、その子にとって一番よいだろうと思われることもあるのです。

医師の診断を受けるべきか?

悩みどころではありますが、先述したような事情を理解した上で、一人ひとりの子どもの状況、子どもを取り巻く周囲の人との関係を見て、その子にとって一番よいと思われる方法を選ぶしかない、と思います。

医師による医学的な診断名がつくかどうかに限らず、わが子に発達障害があることを受け止めることは、保護者にとって大仕事であると思います。医師の受診だけでなく、専門家へのアプローチにも気が進まないこともあるでしょう。

ただ、もし発達障害があるなら、その子には発達を支援する療育（「医療」＋「教育」）

↓「療育」が必要です。

発達障害のある子はさまざまな特徴（本章②～⑤参照）をもつがゆえに、適切な理解と対応がなされないと、成長につれて次々と生活障害（本章⑥）が起きてきます。療育は、発達障害のある子の発達的特徴を踏まえた適切な理解と対応によって、子どもの生活障害が大きくなることを防ぐものです。

ですから、発達障害がある、もしくは発達的特徴が顕著であるなら、療育の専門サービスを利用して適切な理解と支援方法を知って、対応してあげてほしいのです。

そして専門家にアプローチして対応を始めるのは、早い方がいいでしょう。

もちろん、どの年齢になったからもう対応できない、ということではありません。

ただ、「生活リズムがとても乱れている。ことばが全く出ない。自傷、他害が激しい。とても育てにくい」場合は2歳ぐらい。

「家庭での生活動作はある程度可能で会話もできるから特に気にしていなかったのだが、集団に入ったときに興味や行動や落ち着きや対人関係の発達が気になってきた。先生からの指摘もある」場合は3～4歳ころまでに専門的対応を始めるのが理想的だという感触をもっています。

療育についてはこれまで、医療機関の児童発達外来や地域の療育センターなどで、医師と医学的知識をもつ発達障害の専門家が対応していました。平均的には2週間～2か月に1回の療育サービスを受けることが多いです。

加えて平成24年には、民間の「児童発達支援事業*」の制度ができました。ここでは就学前～学齢期の子どもに対して療育を行います。一人ひとりの子どもに合ったプログラムを策定し、そのプログラムに沿って高頻度（週1回～週5回）の療育的サービスを受けることができるようになっています。

受診するかどうかを含め、迷われる場合には専門家に相談していただきたいと思います。自治体により組織、事情や実態は千差万別だと思いますが、発達障害に関する専門家につながると思われる機関を挙げておきます。

●保健センター　●行政が行う発達相談やことばの相談　●児童相談所

●市町村の福祉課や児童福祉課　●児童発達支援事業所（民間経営の施設）

子どもが保育園や幼稚園に通っている場合は、担任の先生や園長が相談に乗ってくれることも多いです。

② 発達障害のある子の特徴② ――感覚の調整障害がある

◇感覚の問題

感覚の問題は自閉スペクトラム症の場合に、特に多くみられます。

感覚の問題に関する最大の問題点は、子どもの感覚をわれわれが実感できないために子どものストレスや辛さが理解できず、対応が難しい、という点です。

感覚過敏のある状態は、例えば黒板を指の爪でギギギギ～とする音が聞こえ続けたり、

＊ 各自治体の認定を受けて『受給者証』の交付を受けることで費用の一部の補助を受けられます。詳しくは各自治体の担当課で「児童発達支援事業所」に通いたいと聞いてみてください。受給者証は、医師の診断の有無に関わらず、各自治体が必要性を認めた場合に交付されます。

画鋲が足にブスブス刺さっているように感じる状態だと言います。そんな状態では何もしたくなくなります。

また、感覚過敏があるとその感覚に意識が集中してしまって、大切なことを見たり聞いたりするどころではなくなってしまうという問題もあります。

子どもは生活の中で否応なくたくさんの刺激に囲まれています。ですから、感覚の問題は、子どもたちにとっては大変に大きな問題なのです。

発達障害のある子の感覚の調整障害には次のようなものがあります（図２）。

◇感覚調整障害の現れ方は４つ

感覚の調整障害は次の４つの形に分類されます（図３）。

◇感覚調整障害への対応

感覚調整障害への対応としては、以下のようなことが考えられます。

① 回避してよい

嫌な刺激からは逃げてもよい、というのが基本です。ただ、保育園や学校での集団生

聴覚
赤ちゃんの泣き声を嫌がる
かみなりの音が異常に嫌い
ことばに反応しない
視覚
暗いところを異常に怖がる、懐中電灯などの光刺激を受けるのがつらい
嗅覚
なんでも臭いをかぐ、匂いがわからない
味覚
食べ物の好き嫌い
触覚
ものに触りたがらない
汚れたり、濡れたりするのを嫌がる、熱いものに触っても気付かない
平衡感覚（揺れや動きに対する感覚）
ブランコなどを異常に好む
不安定な場所を異常に怖がる
固有感覚（動作をする度に、筋肉の力の入り方や関節の曲がり具合などの情報を手足にある関節や筋肉から脳に送る感覚。自由に滑らかに体を動かすためには固有覚がきちんと働くことが必要。固有感覚がうまく働かない子は力加減ができないことがある）
頭を壁に打ちつける、ぴょんぴょん跳ねる

図２　主な感覚の問題

感覚を感じにくい

3　低登録（低反応）
刺激に対する反応が極端に弱く、感覚が鈍い＝鈍麻な状態。低反応・感覚鈍麻と表現される。
例：「呼んでも振り向かない」「痛さに鈍感」

4　感覚探求
刺激に対して反応が鈍い、弱いために、その刺激を求める。
例：「臭いをやたらに嗅ぐ」「ぴょんぴょん跳ねる」

感覚が過敏

1　感覚過敏
刺激に対して過剰に反応してしまう状態。ちょっとした環境の変化や刺激が極度に気になってしまう。
例：「大きな音を異常に怖がる」「暗がりが嫌い」「偏食」

2　感覚回避
感覚過敏があるために、刺激のある環境を回避する。
例：「新しい場所を嫌がる」「著しい人見知り」

どちらも感覚調整障害

感覚刺激への反応が
適切にできない状態

図３　感覚調整障害の分類

活の中で刺激から逃げようとしていきなり教室や集団から飛び出したりすると危ないので、事前に先生と相談しておく必要があります。大きな音が苦手な場合、集会で大音量で音楽をかけるのならその前には外に出るようにするなどです。

②刺激の方を適切な量や種類に調節する

蛍光灯が苦手なら本人が嫌がらない種類の照明に変える。大きな音が苦手なら運動会の徒競走の合図をピストルではなく、旗を振り下ろす形に変えるなどです。

③刺激を和らげるためにツールを活用する

サングラスや遮音性のあるヘッドフォン、耳栓などの道具を使って、刺激量を調節して感覚過敏を予防します。

④予告する

「嫌いな刺激がいつ襲ってくるかわからない」だと片時も気が休まりませんが、「嫌な刺激があるときはあらかじめ教えてもらえる」のであれば本人も心づもりができますし、それ以外の時間は安心できます。

⑤感覚を「育てる」

例えば、目隠しして触ったものが何かを当てるなどの方法で、意識的、能動的に自分の感覚（この場合は触覚）を使うことで刺激を区別する力が育ち、刺激への適応性を高めることができます。

⑥ 求める刺激を満たす

感覚調整障害のタイプのうち、4の「感覚探求」タイプの場合、子どもが求める刺激を遊びや活動の中で充たしてあげることを考えます。

固有感覚の感覚探求をする子は関節や筋肉からの刺激が弱いためにもっとその刺激を欲しがっているのですから、その刺激をたくさん送ってあげる方法を考えます。トランポリンや布団でグルグル巻きにしたりする遊びでは、動く度に関節や筋肉から脳に情報が送られるので、欲しい刺激をたくさん受け取ることができます。

③ 発達障害のある子の特徴③
——生活リズムが乱れがちである

◇積極的、意欲的に生きるために生活リズムを整える

人間には生理的欲求、安全欲求、社会的欲求、尊厳欲求、自己実現欲求があるとされます（図４）。そして人間が積極的、意欲的に生き、自己実現を追及するのには、まず、基礎的欲求である、生理的欲求、安全欲求が充たされることが必要です。

発達障害のある子はさまざまな理由から睡眠、食事、そして排泄などの生活リズムが乱れてしまっていることがあります。しかし、このような乱れがあると心身が安定せず、生理的欲求、安全欲求が充たされません。その状態では人との関わりや自己実現に向かうことができにくいのです。

したがって生活リズムが乱れているなら、まずそこを整えていく必要があります。

ここでは睡眠、食事、そして排泄などと、生活リズムやことばの発達に関わるメディ

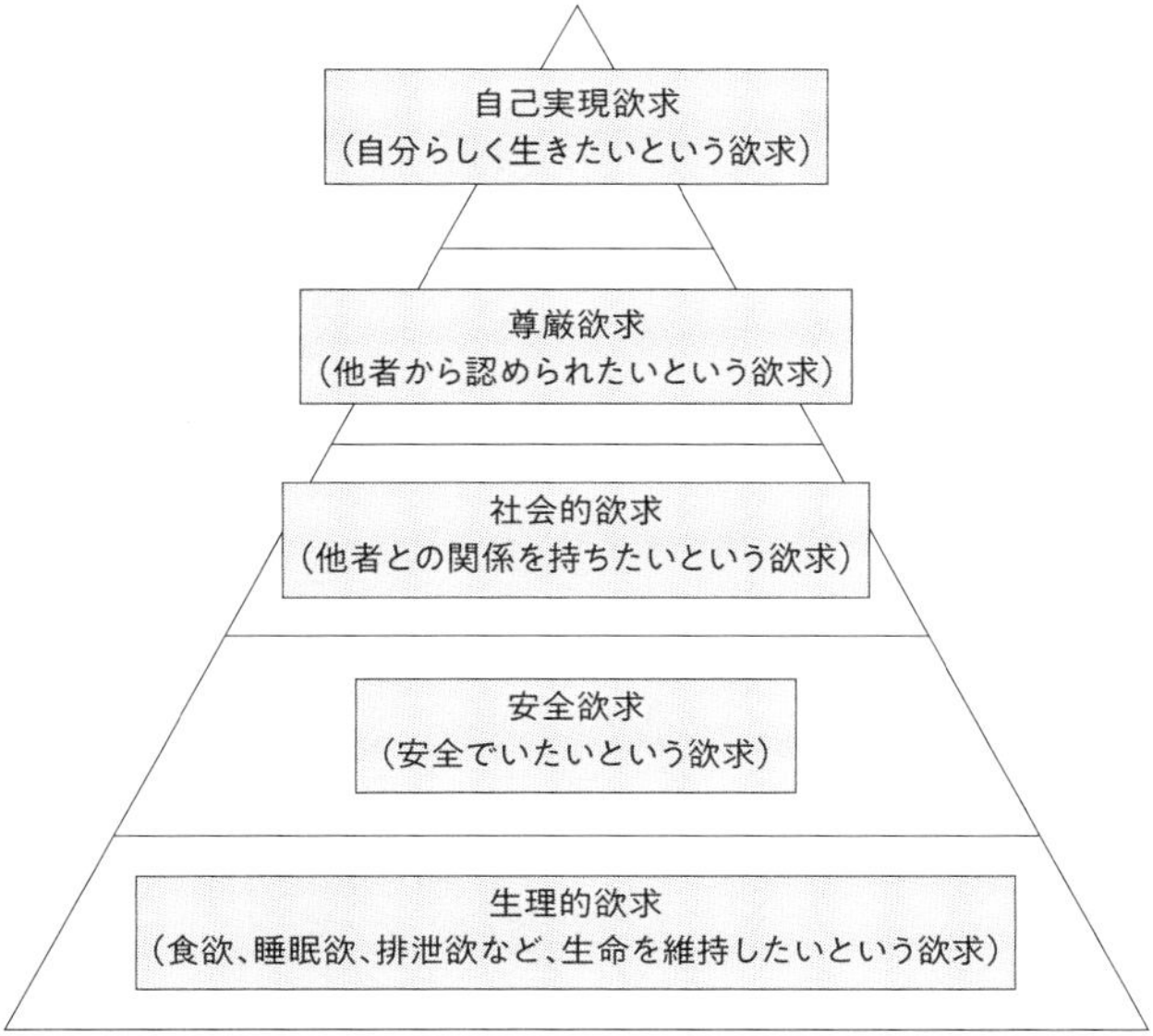

図4　マズローの欲求5階層

ア視聴についてお話しします。

◇食事の問題

偏食は多くの発達障害のある子にみられますが、これも感覚の問題からきています。色彩、舌触り、歯ごたえ、硬さ、匂い、温度など、私たちの感覚とは異なる感じ方をすることで「食べられない」「食べたくない」ものがたくさんあるのです。

感覚の問題によって「気持ち悪い」「不快」と感じるものを食べるときの子どものつらさやストレスは、私たちにはどうしたってわからないのです。

ですから、基本的には無理に食べさせようとしないでください。

食事の第一目的は体を維持できる栄養を摂ること、次は家族で楽しく食べることです。たくさんの種類の食品を食べるとか、こぼさずに食べるとか、静かに食べる、よい姿勢で食べる、などは中心的目的ではないのです。

まずは栄養摂取と楽しく食べることをテーマにしてください。

また、食事の時間にはお腹が減るように生活を整えていくことが大事です。

もし、なかなか食べなくても、お菓子やジュースは控えるようにしたいところです。

そして、たくさん動いて、遊んで、お腹を減らしましょう。

舌触りや味などの感覚の問題ではなく、色だけで嫌がったり、ただの「食べず嫌い」の場合も時にはあると思います。そのときは、ほんの少し食べてみるように誘ってください。牛乳なら1滴、しめじなら小さな1本、人参ならひとかけからでいいです。

気が散って食べないようでしたらテレビを消したり、人の出入りがない場所に移動するなど、落ち着いて食べられるように環境を整えてください。

大人が料理する様子を見て、料理に関心をもったり、友だちと一緒に食べることをきっかけに、食べられる食材や料理が増えることもよくあります。

「ボクが混ぜたハンバーグ」「○○ちゃんも食べてた卵焼き」というのは魅力的なのです。

◇排泄のリズムが作りにくい

トイレットトレーニングの開始は年齢的には2歳半から3歳くらいと言われています。

運動発達では歩けて、知的発達でいうと「パパ・バイバイ」のような2語文の理解ができたり、話せたりする時期です。

その月齢になっていても運動発達や知的発達がまだ不十分な場合は、トレーニング開始は先になります。

おしっこの間隔が2時間くらいになることも大切です。トイレットトレーニングを始めるにはおしっこをある程度膀胱で貯めることができるようになっている必要があります。

感覚の問題から思いもかけない理由でトイレという場所を嫌がることもよくあります。

そのようなときは、ご自宅のトイレをチェックしてみてください。

トイレの照明、匂い、狭さ、水を流す音、便座の不安定さなど、何が嫌なのかをよく観察して、嫌なものを取り除いて子どもが安心して入れるようにしてあげてください。

◇睡眠リズムが崩れやすい

睡眠をしっかりとることはとても大切です。

ひとつには寝ている間に成長ホルモンが分泌されるからです。成長ホルモンは自律神経やさまざまなホルモンの分泌、記憶力や成長に関係する大事なホルモンです。

成長ホルモンがきちんと分泌されるように、できるだけ睡眠の時間は確保したいです。

また、早寝早起き、特に早起きは生活リズムを整える上で欠かせません。

人間の体は「太陽の光を浴びる」ことで体が強制的にリセットされて、1日24時間の生活リズムが作られるようにできています。

ですから1日24時間の生活リズムを作るには「早起きして朝の太陽の光を浴びること」が大事であり、朝早起きするために、早寝が大切なのです。

特に3歳前の子どもには早寝、早起きは大切です。

まず、朝のだいたい同じ時間にきちんと起こして、しっかりと朝日を浴びさせてあげることを目標にしてください。

何時に寝ても朝は起こす。

そして、乳児は昼寝を合わせて大体12時間前後の睡眠が必要ですので、それだけの睡眠時間が確保できているかを確認してください。

早く眠れるようにするには、まず、お散歩などで体を思いっきり動かしてください。

眠る前には部屋を暗くしたり静かにする、また、興奮のきっかけになるようなおもちゃには触らせないようにすることも工夫のひとつです。おもちゃを見えないところに片付けたり、「おもちゃさん、バイバイ」と言いながら子どもと一緒におもちゃ箱に鍵をかけるのもいいかもしれません。

なかなか睡眠が整わない場合、医師との相談で投薬が有効な場合があります。

④ 発達障害のある子の特徴④

――社会性とコミュニケーションに困難がある

◇ことばの問題

ことばの理解の遅れ、発語の遅れ、オウム返し、会話ができない、大きくなっても「目が回るほど忙しい」などの比喩表現や冗談、「あれ」、「それ」などの代名詞、「だいたい半分」などのあいまいな表現がわからないこともあります。

◇コミュニケーションの問題

コミュニケーションの障害は、一般的には次の3つに分けることが多いです。

① 孤立型…他人と関わろうとしない。他人との人間関係・会話を好まない。

②受動型…受け身のコミュニケーション（人間関係）であれば適応できる。
相手が工夫することで関係構築が可能。

③積極奇異型…人と積極的に関わりたがる（話したがる）。
しかし、関わり方が一方的であったり、奇異。

◇社会性や人とのやりとりの問題

発達障害のある子は、その特性から社会性や周りとの関わり、やりとりに問題が起きることがあります。

視線が合いにくい、親を求めない、呼んでも振り向かない、人を怖がる、一方的に好きなことを話す、親の姿が見えなくても気にしない、人の気持ちが読めない、などです。

◇想像力が働きにくい

想像力が働かないと先が予測できないので不安です。一定の感覚を求めて一見無目的に見える同じ行動を繰り返したり（常同行動）こだわり行動を好むのは、一定の感覚を得ることで「起きることがわかっている状態」を作りだしているのです。

「予定の変更を嫌がる」「新しい場所を嫌がる」「新しい食材を食べようとしない」「今やっていることをやめない＝切り替えが悪い」なども、次に起こることを想像できない不安からきています。

◇全体を見渡すことが苦手

発達障害のある子は「細部を総合して全体の意味を把握する力」（中枢性統合と言います）が弱く、そのために全体より細部に注目する傾向、「癖」があります。

海、砂浜、ビーチパラソル、海水浴客が写っている写真を見て、私たちは「夏の海水浴場」の写真だと言いますが、発達障害のある子は、例えば「ビーチパラソルの写真」だと言います。全体ではなく「ビーチパラソル」だけにフォーカスしてしまうのです。

中枢性統合が働かず見たことや経験したことを総合的に判断することができないと、出来事の意味を断片的、部分的にしか理解できないことになります。だから出来事や状況の意味を正しく把握できないのです。

◇複数の感覚を同時処理することが苦手

発達障害のある子は、複数の感覚を同時に処理することが苦手です。

・黒板の板書をノートに書き写す…黒板を見て理解をしながら書く。

・電話の応対…話を聞きながら適宜要点をメモする。

・縄跳び…縄の動きを見て、手を動かして、縄を回して、足で跳ぶ。

これらは複数の感覚を同時に処理していかなくてはいけないので難しいことです。

また、ひとつのことに意識が集中すると他の刺激が入りにくい、集中したことから離れるのが難しいことがあります。

◇多動、不注意や衝動性がある

発達障害のある子は脳の機能的特性によってドーパミンという脳内の連絡を担う神経伝達物質が不足してしまい、前頭前野がうまく働かないことがあります。

前頭前野は脳の「司令塔」とも言われ、これがうまく働かないと行動調節がうまくできないと考えられています。その結果、次のようなことがおきます。

多　動…落ち着かず絶えず動き回る、話し出すと止まらない。
衝動性…順番を待てない、出し抜けに突然話し出す、ゲームなどの際に邪魔する。
不注意…忘れ物が多い、ぼーっとしている、物をなくす、気が散る。

◇実行機能の障害

何事かを遂行するには、全身の感覚器官からの情報を集めて過去の記憶と照らし合わして正しく状況を判断したり、優先順位をつけて計画的に行動したり、同時にさまざまな感覚を処理する必要があります（実行機能と言います）。しかし、発達障害のある子ではこれらの行動を司る脳の前頭前野がうまく働きません。

そのために発達障害のある子では、

・目的があるのに、他のことが気になると当初の目的を忘れてしまう
（例　カバンをしまいに行ったのに、途中で友だちと遊び始める）
・そのうち当初の目的を忘れてしまう。
（例　遊びが終わってもカバンをしまうことを思い出さない）
・目的達成の妨げになる思いがけないことが起きると対応できない。

（例　カバンをしまう棚の前が机で塞がれていると、どうしていいかわからないようなことが起きます。

これらの行動も発達障害のある子の実行機能障害によるものなのです。

5 発達障害のある子の特徴⑤
――不器用さや運動障害がある

◇筋緊張が低い

人間が姿勢を保ち、何かの動作をするには、適度な張りをもつ筋肉（筋緊張と言います）が必要です。しかし発達障害のある子の場合、筋緊張が低いことが多いです。そのため

・疲れやすくすぐにゴロゴロする、「疲れた～」と言う
・姿勢が悪い
・膝を折り曲げず、ロックするような形で姿勢保持や運動をする

（何とか姿勢を保たなくてはいけない場面で、逆に特定の筋肉の働きを強めて姿勢保持をしようとするため）

というようなことが起こります。

◇動きの調節がしにくい・不器用

動作をする際、人間は固有感覚（筋肉の力の入り方や関節の曲がり具合などの情報を手足にある関節や筋肉から脳に送る感覚）を使って情報を脊髄や脳に送り、筋肉と骨の位置を調節します。しかし発達障害のある子の場合、この固有感覚がうまく働かないことがあります（脳の視床や基底核というところの関与が考えられるとされています）。筋緊張が低い、姿勢調節がうまくできない、固有感覚をうまく使えないとスムーズに動作ができないですし、動きの調節もうまくできません。

その結果、発達障害のある子は、物の扱いが粗雑、声が大きい、不器用（例　物を落とす、またはぶつかる）であったり、運動技能（例　物をつかむ、はさみや刃物をつかう、書字、自転車に乗る、スポーツに参加する）がとても遅かったり、不正確だったりします。

不器用さやこれらの運動の遅さ、不正確さは、日常生活動作や学業や学校、その後の就労後の生活に影響を与えます。そしてまた、それは、生活や学習における不便さだけではなく、子どもの自尊心の低下に結びつきやすいという点も重要です。

◇目を上手に使えない

生活のあらゆる場面で、私たちは目の機能を使って生活しています。また、人間は視覚、聴覚、触覚、平衡感覚、固有感覚などの基礎感覚から情報を受け取り、それに応じて姿勢や筋緊張を適切に整えます。視覚はそれらの基礎感覚のひとつとして重要です。**「見る」力は、「見る」以外の機能にも影響するのです。**

「見る」力の基盤となる眼球運動の機能は、身体を十分に動かす中で向上していきます。しかし、発達障害のある子は運動の苦手さがあることから運動の機会が少なく、その結果、目の使い方を学ぶ機会が少ない傾向があります。

発達障害のある子の60パーセント以上に何らかの眼球運動の苦手さがあると言われています。そのことは単に「見る」ことが苦手というだけでなく、姿勢や筋緊張を適切に整えてさまざまな行動をスムーズに行うことが苦手、ということにつながります。

体を思いっきり動かす運動やキャッチボール、間違い探し、宝探しなどが眼球運動能力の向上には有効であると言われています。楽しみながら目を使う活動に子どもを誘ってあげたいものです。

眼球運動能力や視覚認知力の向上を目的としたアプローチに、ビジョントレーニングがあります。日本では北出勝也氏などが精力的にビジョントレーニングに取り組んでおられます。

⑥ 発達障害のある子の特徴⑥ ——生活障害がある

◇生活障害

発達障害のある子は、安全・安心の確保、生活リズムづくり、身辺自立、安全確保、運動、身体の成長などに関する障害（日常生活の障害）および、ことばやコミュニケーション、社会性、社会生活のルールなどの理解などに関する障害（社会生活・関係性の障害）を抱えています。

子どもがその子らしさを大事にしながら生活していくには、まず子どもの示す発達的特性によって生じるこれらの生活障害＝「生活のしにくさ」を減らすことが肝要です。

◇生活障害を減らすために

そのためには、まず周囲の大人が定型発達の子どもとは異なる発達障害のある子の行動や状態の理由を、脳の機能的特性に沿った形で理解する必要があります。そして、その理解に基づいて生活障害を減らす方法を探すのです。

発達障害のある子は、あるがままでは社会性を含めて生活に必要なことが身につきません。**そして、ありがちな「努力と根性と気合と繰り返し」で何かを学ばせようとしても、発達障害のある子はほとんど何も学べません。その方法では、子どもの生活障害は減らないばかりか「できない」「変化しない」という状況の中で、子どもはどんどん自分自身や周りの人との関係や今の生活が嫌になってしまいかねません。**

発達障害のある子が何かを身につけるには、さまざまな特性に応じた適切な方法をとる必要があります。

その際に役に立つのは専門家の知識と経験とスキルです。ですから、療育の専門家の

「応援」を受けることはひとつの方法です。

それと同時に保護者自身が「適切な方法」を知ることがとても大事です。

保護者自身が適切な対応を知って、毎日毎日子どもに「どうしたらいいか」を伝え、子どもが「困らずにちゃんとうまくいった」経験を積み重ねる。その繰り返しから子どもはさまざまなことを学び、その結果、生活障害は減っていきます。

専門家に相談することによって、また、この本のような発達障害に関する本を読むことによって、子どもを理解し、対応するための知恵を得てください。

◇メディア視聴について

長時間テレビを見る子はことばの発達の遅れが認められるというデータがあります。また、長時間のメディア視聴は生活リズムの乱れにつながりかねません。

しかし、だからといってメディア自体がいけないわけではありません。**子どもとどう関わっていいかわからない親にとっては、メディアも子どもとの関わりを助けるひとつのツールとなり得ます。**

ことばの発達という点で最も問題なのは、子どもにテレビやスマホを与えてひとりにしてしまうことです。子どもは家族とのコミュニケーションを通してことばを獲得します。

ですから、テレビやスマホを見るなら子どもと一緒に見て、出てきたシーンにことばをつけてあげたり、子どもが何か言いたそうだったら代わってことばにしてください。**生活リズムを崩さないようにメディア視聴の時間をコントロールすること、内容を適切に選択することも必要です。**

もちろん、テレビ・スマホだけではなく、それ以外の絵本や体を使ったじゃれつき遊びもしてほしいですし、実体験もたくさん経験させてください。テレビではりんごは赤い丸い果物として映りますが、実際のりんごを食べる経験では見た目だけでなく、ひんやりした感触、しゃりっという歯ごたえ、噛んだときに口に広がる甘酸っぱい香り、味、などを感じることができます。

五感からのいろいろな情報が一体となって「りんご」というものを示します。そういう子どもにとって意味深い体験がことばを覚えるときには大切なのです。

まとめ

1 発達障害のある子は、子育てを原因として生まれてくるものではない

2 発達障害のある子の発達の独自性は、脳の機能的特性から生じる

3 生活障害の有無が発達障害かどうかのポイント

4 保健センターなどへの相談や児童精神科、小児神経科の受診によって、適切な理解と支援方法を得る

5 療育機関や地域にある児童発達支援事業所を活用する

6 発達障害のある子は、感覚調整障害があり、また、生活リズムが崩れやすい

7 発達障害のある子は社会性とコミュニケーション・全体を見渡すことや運動が苦手なことが多い

8 発達障害のある子は「努力と根性と気合と繰り返し」では学べない

第2章

ポイント②

どうしてほしいの？

尊重されたい・安心したい・信頼したい・有能でありたい・楽しみたい・人とつながりたいという子どもの思いを充たす

もうすぐ3歳になる准君は、お父さんとお母さんの3人で暮らしています。

准君はまだおしゃべりができません。

夕方、仕事を終えて帰宅したお父さんが准君に声をかけました。

「准、ただいま」

准君は大好きなミニカーを床で前後に動かして遊んでいます。

ミニカーのタイヤの動きに集中しているのか、准君は知らんぷりです。お父さんは、ミニカーをみつめる准君の視界をさえぎるように自分の顔を突き出しました。

すると准君はお父さんの顔を手で払い、そして何事もなかったように再びミニカーを動かし始めました。

「お帰りなさい」お母さんがお父さんの声に気付き、声をかけました。

「ただいま。なあ、准はミニカーで遊んでるときは、オレのことなんて目に入らないいんだな。今も返事してほしくて目の前に顔出したら手で払われちゃったよ」

「私もそうよ。邪魔するとすごく怒られちゃう。どうしたらいいのかしらね」

「准は本当に何を考えてるんだろうな。しゃべってくれないしな」

「そう……もうすぐ3歳になるのにね。私、ちょっと心配なのよね。ことばが遅いだけではないような気もして。顔見てても嬉しいんだか悲しいんだかわからないしね……。さあ、ご飯にしましょう。准君、ご飯よ。お片付けするわよ」

お母さんが床に散乱しているミニカーを片付け始めた途端、准君は火がついたように泣き出しました。

「ぎゃー」

准君はミニカーを放り投げて怒っています。

「お母さんがお片付けって言ってるだろう！言うことを聞きなさい！」

お父さんは思わず大きな声を出してしまいました。

准君はもっと大きな声で泣きだしました。

◇子どもの願いを知ろう、そして叶えてあげよう

准君のお父さんとお母さんは困っています。お父さんは准君が「何を考えているかわからない」つまり、准君を「理解できない」と言います。

准君は何を考えているのでしょう？　准君をどう理解したらいいのでしょう？
それは准君の願いを知ることから始まります。

① 尊重されたい！
――子どもをひとりの人格として尊重することの大切さ

◇奇跡の介護・ユマニチュードが示すこと

ユマニチュードという介護技法があります。
・相手をきちんと見る、話しかける、触る、立たせる、の4つの行動を意識すること
・出会いから再会の約束までの『5つの心をつかむステップ』を必ず踏むこと
ユマニチュードのこのような関わり方を心がけることで認知症状が軽減したり、立てなかった人が立ち上がるという驚くようなことが起きたのです。

なぜでしょうか？

それは、ユマニチュードの関わり方が、いろいろな手段を使って「相手を人として尊重する」ものだからだと言われています。ユマニチュードによって認知症の高齢者が「私は尊重されている」と感じる。そのことが彼らに劇的な変化をもたらしたのです。「人として尊重されている」と感じることが人にとってどれほど大きな意味をもつかということを、ユマニチュードははっきりと示しています。

子どもも同じです。ひとりの人間として尊重してほしい。認めてほしいのです。

では、実際どうすることが子どもを尊重することなのでしょうか？

その方法のひとつが「子どもの願いを理解し、子どもの願いを叶える」ことです。

「この車のタイヤをグルグル回したい」「チクチクするこの靴下を脱ぎたい」「気持ちがいいからお水をバシャバシャしたい」などの子どもの願いを叶えてあげることは、子どもにとっては、ボクの願いをわかってもらえた、ボクの願いを受け入れてもらえた、ということであり、「ボクがボクでいいと認めてもらえた」「ボクらしさを認めてもらえた」ということなのです。

子どもの願いを理解し、そして、叶えてあげましょう。それは子どもを尊重し、その子らしさを認めることです。

② 安心したい！

――安心できなきゃコミュニケーションどころじゃない

発達障害のある子は次のような事情で、安心できない状態にあることが多いのです。

◇感覚の調整障害がある

感覚の調整障害があることで、私たちに思いもよらない何かがたまらなく気になったり、嫌だったりします。それは子どもにとって、とても不安で不安定な状態です。

聴覚の調整障害で車の音が黒板を爪でギギギギとひっかいた音のように聞こえるとしたら、その子は、車の音があふれる街で安心することはできません。

◇わからないことが多すぎる

私たちはさまざまな要素を総合的にとらえて状況を判断したり、ことばの意味を理解したりしますが、発達障害のある子はそれが苦手なのです。

その結果、発達障害のある子は、周囲で起きていることの意味を理解できないのです。何を言われているかわからない、起きていることの意味がわからない、人の気持ちを察することが難しい場合があるのです。

「みんなは笑っているけどなんで笑っているの?」

「猫の手も借りたい? 猫の『手だけ借りる』ってどうするの???」

「『そんなことされたらどんな気持ちだと思う?』って聞かれてもボクにはわからない」

「わからないことだらけ」の中で人は安心することはできません。

◇予測をたてられない

発達障害のある子は想像力が働きにくいために「次にどうなる?」を予測できません。もし予測できても自分の予測と異なることが起きるとそこで混乱してしまうことが多いのです。

予想できないことが起きてその状況にうまく対応できないとき、脈拍や血圧があがって汗が出るというような身体反応が出ることもあります。

「思ってたのと違う！」というだけで「危険だ危険だ」という信号が子どもの全身を駆け巡るのです。

予測を立てられないがゆえに、子どもたちは安心できないのです。

◇安心できるように助けよう

安心できないことは辛いことです。

それに、安心できないとコミュニケーションどころではありません。

子どもが安心できない原因を探しましょう。そして安心できるようにしてあげましょう。

運動会のピストルの音が怖くて徒競走に出られないなら、耳を塞ぐことを認めてあげましょう。合図を旗にしてあげましょう。

周りの状況がわからないなら、その子がわかるように、わかる形で教えてあげましょう。

その方法を探しましょう。

予測が立てられないなら、代わりに予測を立てて伝えてあげましょう。

子どもが安心できるよう助けてあげてください。

③ 信頼できる人に出会いたい！

◇社会的参照

赤ちゃんは成長するにつれて次々に未知の人や場所や出来事に出会いますが、自分ではその解釈や意味付け（ここはどういう場所なのか、自分は今、安全なのか、危険なのかなど）ができません。そこで赤ちゃんは保護者の表情を見て、それに基づいて自分が出会った出来事がどういう意味をもつのかを判断します。

お母さんが楽しそうだから今は大丈夫なんだ、お母さんが険しい顔をしているから今はちょっと困った状況なんだ、という風にです。そうして、少しずつ自分の世界について理解を深めていくのです。

同時にこの社会的参照を繰り返す中で、赤ちゃんの保護者に対する信頼も育まれていきます。すなわち、保護者の表情を参照していれば自分は安全でいられるという経験を重ねる中で、赤ちゃんは保護者を、「安心させてくれる存在」として認識し、信頼するようになるのです。

ところが、発達障害のある子の場合は社会的参照をすることが少ないのです。**そしてその結果、社会的参照の繰り返しによって保護者への信頼を育み、自分を安心させてくれる人として保護者をとらえることが難しいのです。**

言い換えると、発達障害のある子は、自分を安心させてくれる人になかなか出会うことができないのです。

◇基本的信頼感

また、赤ちゃんは泣くという形で不快を訴え、母親や養育者はおむつが濡れている、空腹、恐怖、眠気など赤ちゃんの不快の原因を状況から判断して対応します。

数えきれない不快の訴えに母親や養育者が対処してくれる中で、赤ちゃんは母親や養育者に対して、「困難はこの人たちが解決してくれる」という経験を積みます。

そして、絶対的な信頼感をもつことになります。

基本的信頼感と言われるものです。

基本的信頼感が子どもに安心感を与えることは明らかです。

しかし、発達障害のある子の場合、何を不快に感じるかなどの感覚が養育者の経験と全然違っていて、そのために母親などの養育者が子どもの不快に気付かない、不快の原因がわからない、だから対応できないことがよくあります。

子どもが不快を訴えても、なんで泣いているかわからないし、どう対応していいかわからないので周りの大人は不機嫌になったり、逆に子どもを叱ったりします。

嫌でたまらないのに不快は取り除かれず、かえって怒られてしまう。

これでは基本的信頼感は育ちにくく、子どもは安心感をもてません。

◇子どもが誰かを信頼できるように助けよう

あなたが子どもで、この人は自分を助けてくれる、という信頼感をもてる人が誰もいなかったらどうでしょう？　きっと不安で苦しいですよね。

発達障害のある子はそういう状況にあります。

発達障害のある子が信頼感をもてない事情を理解し、子どもが信頼感をもてるよう助けてあげてください。

④「できることがある」と感じたい！

◇乳児の気持ち

生後3か月の赤ちゃんの足とベビーベットの上につけるくるくる回るモビールを紐で結びます。何度か足を動かしてみて、足を動かすとモビールが動くということに赤ちゃんが気付くと、赤ちゃんはそれは夢中で足を動かします。

生後3か月の赤ちゃんでも積極的に自分の置かれた環境に働きかけ、自分が環境に与える効果を実感したいという欲求があるのです。

乳児期から「自分はできる！」という感覚をもつということはとても大切です。

自分が周りの環境に影響を与えることができるという感覚が、あれをしたい、これをしたい、という積極性を育むからです。

◇発達障害のある子は自己有能感を得にくい

自己有能感とは、自分にはできることがあるという感覚です。

ここで大切なのは、「できる―できない」ではなく、「自分なりにがんばったと自分で思えること」です。

その感覚が自分自身を肯定的に見る力のもとになります。

この「自分自身に対する肯定的な感覚」を原動力にして、人はさまざまなことに興味をもち、能動的に行動を起こします。

しかし、発達障害のある子はこの自己有能感を感じにくいのです。

自己有能感を育てるためには「成功や達成を実感すること」が一番大切なのですが、発達障害のある子は感覚の問題（第1章②）や不器用さ（第1章⑤）などの理由で成功体験が少なく、どうしても自己有能感を得にくいのです。

◇自己有能感を得られるように助けよう

しかし、人は誰でも自己有能感をもちながら生きたいのです。

発達障害のある子にも、「自分はできる！」「自分でもできるかもしれない」「自分なりによくがんばった」という感覚をもって生きてほしい。

「できるぞ」「できるかもしれないぞ」と思えれば、子どもたちは周りの世界に興味をもつようになり、周りの世界に自分から働きかけていこうとするようになります。

だから子どもたちに、「できた」「自分なりによくやっている」という経験をたくさん積ませてあげたい。

そのために、子どもたちが

・興味があることに対して能動的に働きかける

・やってみたことが成功する

ことを助けましょう。そして、

・結果に関わらず自分なりに頑張ったことを励ます

ようにしましょう。

5 楽しみたい！

◇子どもは「今」を楽しく過ごしたいと願っている

大人である私たちは将来を予想し、将来のために努力したり、我慢したり、計画を立てます。しかし、子ども、特に幼児期の子どもは、「今」を楽しく生きることに全エネルギーを傾けます。「今」がすべてです。大人が「将来」を気にかけないではいられないのと同じように、子どもは「今」しか問題にできないのです。

子どもにとって「今」がすべてであることを受け入れましょう。

そして、子どもが「今」を喜びと楽しさを感じながら生きることを助けましょう。

「子どもにとって今がすべて」

これは実際に子どもと関わりを築いていくときに、非常に大切な視点になってきます。

◇共に楽しみたい

フランスの心理学者ワロンは、生後8か月を過ぎた乳児は自分だけが楽しむだけでは満足しなくなり、「自分の楽しんでいる『この喜び』をあなたも共に喜んでほしい」という感情が芽生えてくるとしました。おもちゃで遊んでいるとき、幼児が母親の顔をチラッと見ることがありますが、それは「ボク楽しいんだけど、お母さんも楽しいかしら?」という意味なのです。そして母親が楽しそうな様子をみせると子どもは満足します。

ここに、鉄道大好きな「太郎ちゃん」がいます。お父さんが太郎ちゃんに言います。

A「何だそんな趣味。なんの役にもたたないじゃないか!」

B「それ、九州新幹線「さくら」だろ? かっこいいよなあ。乗ってみたいよなあ」

太郎ちゃんはもちろんBが嬉しい。わあ、お父さんも楽しいんだ、お父さんと「共に楽しむ」ことができたことで太郎ちゃんの楽しさはぐんと大きくなります。

C「太郎は本当に鉄道が好きだな。太郎にそんなに好きなことがあるのがお父さんは嬉しいな」

Ｃではお父さん自身は鉄道を楽しんでいるわけではありません。でも、太郎ちゃんが楽しいと感じている、そのことをお父さんが喜ぶことで太郎ちゃんは応援され、太郎ちゃんの楽しい気持ちはふくらみます。

大人が子どもと共に楽しみ、子どもの楽しみを応援することで、子どもの楽しさは大きく育つのです。

成長したとき、子どものころの「楽しみ」が「趣味」となることはよくあります。そして発達障害のある子も、その趣味を他の誰かと喜びをもって共有することができます。「趣味」は、発達障害のある子が人とつながる役割にもなります。

その意味でも、子どもの楽しさを育ててあげたいと思います。

⑥ 人とつながりたい！

◇人とつながる必要性

人はひとりで生きてはいけません。だから人は、周囲の人たちと「共に生きる」ことをめざします。生来、人は、人とのつながりを求めるものなのです。

発達障害のある子も人とのつながりを求め、「共に生きる」ことを望んでいます。

また、子どもたちの「自分らしさを認めてほしい」「安心したい」「信頼できる存在に出会いたい」「有能でありたい」「楽しみたい」という願いを叶えるためには、人との関わりが必ず必要です。子どもたちは、人とつながる必要があるのです。

しかし、その特性から発達障害のある子が「人とつながる」ことにはいろいろなハードルがあります。だから、助けてあげましょう。

子どもが上手に伝えられないことを代わって伝えましょう。伝え方を教えましょう。

7 子どもの願いを叶えることの意味

◇認められる → 頑張る

子どもの願いを叶えることは子どものその子らしさを認め、その子を尊重することでもあります。**そしてそうやって「自分らしさを認めてもらえる」ことが、子どもの意欲の支えになります。**

ここでとても大切なことは、

認められる → 頑張る

という方向性です。決して、

頑張る → 認められる

ではありません。

大人が子どもに「ああしろ」「こうしろ」と要求し、子どもが頑張ってその通りにすると、大人は「良くできました」と子どもを褒めます。この場合、子どもは「褒められた」とは思いますが、「褒められたからもっとやろう」「もっと頑張ろう」という気持ちになることは、滅多にありません。なぜなら大人に言われたことは子ども自身が「やりたい」「これがいい」ということではないからです。

そうではなくて、子ども自身が「やりたい」ことを「そうか、キミはこうしたいんだね」と認めると、子どもに意欲が生まれます。「よおし！」と思って一生懸命頑張ります。

そして、この意欲に支えられて子どもは、「できるかな」という不安を乗り越えて何かに挑戦し、その結果、成長していきます。

もちろん、子どもの「やりたい」「これがいい」をすべて叶えてあげることはできませんが、子どもの成長を支える意欲は「認める → 頑張る」という方向性の中でこそ生まれることは、覚えておいてほしいと思います。

◇再び、子どもの願いを叶えることの大切さについて

大人というものはどうしても子どもの「やりたい」「こうしたい」より、大人の「こ

れをしてほしい」「これがいい」を優先しようとします。

発達障害のある子の保護者の場合、どうしても子どもの「やりたい」「こうしたい」より、遅れを取り戻すことやできることを増やすことをめざしたくなります。これは自然なことだと思います。

子どもの願いを聞き入れてばかりいられるわけがない。そんなことしたら家の中がしっちゃかめっちゃかになる！　これも真実です。

しかし、20年余、多くのケースに関わる中で私は確信しました。**それは、子どもの願いが叶うよう助けてあげることが「先」だ、ということです。**

なぜ「子どもの願いを叶える」ことが「先」なのでしょう？

なぜ私はうるさいくらい「子どもの願いを叶えよう」と言うのでしょう？

それは、私が5000回を超える相談や臨床で発達障害のある子と関わる中、彼らのその「望み」を強く感じてきたからです。

相談でお会いするお子さんとすぐに関係が結べるわけではありません。

私はそのお子さんの願いを探ります。

「安心したいのか」

「楽しみをみつけたいのか」

「みつけた楽しみをひとりで楽しみたいのか」

「自分の有能感を実感したいのか」

その子の願いがわかり、それが叶うように関わり始めると、子どもの状態に変化がみえるようになります。

私という人間がそこにいることや私が何をするのかに興味をもち、私と関わろう、私とつながろうとする様子もみられるようになります。

そして、だんだんとコミュニケーションが成立するようになります。

それは私が彼らの「願いをわかろう、叶えよう」としていることを彼らが感じてくれるからでしょう。

願いをわかろうとして、わかってくれて、一緒に叶えてくれる人を彼らはずっとずっと待っているのです。

発達障害のある子は、周囲の人に自分の願いをわかってもらえない、でもうまく伝えられない中で、心地よくなることをあきらめています。だから彼らの願いを感じ取ってそれを満たし、彼らを心地よくしようとしてくれる人として現れた私を信頼するのです。

もちろん保護者は、何物にも代えがたいものとしてお子さんを愛しています。

しかし、発達障害のある子はその特性から、保護者の「思い」を受け取ることができないことがあります。彼らにわかる言い方で「君を愛している」と伝えない限り、彼らは「愛されている」ことを知り得ないのです。

私が彼らと関係を結ぶことができるとき、それは、私が彼らにわかる言い方で、口幅ったいですが「キミを大事に思ってるよ」と伝えることができたときです。

私がこの本を書きたかったのは、誰よりもお子さんを大切に思い、その将来を案じる保護者に、専門家としての知識と経験から学んだ「子どもにわかる言い方」をお伝えしたかったからだとも言えます。

その「子どもにわかる言い方」の基本が、「子どもの願いを叶える」という視点なのです。

「願いを叶える」ことは、綺麗ごとや理想論の話ではありません。お子さんとのコミュニケーションを豊かにしていく上で、実は、欠かせない視点なのです。

「子どもの願いを叶えるために子どもを助けようとする」

そういうあなたを子どもは信頼します。最初はうまく助けられなくても、でも、ボクの願いをわかってくれようとしている、助けてくれようとしている、そういうあなたを子どもは信頼します。

そうして生まれる信頼は、子どもと家族の幸せの基盤になります。同時に、発達障害のある子とのコミュニケーションの課題に向かうときの不可欠の要素になります。

まず、子どもの願いを叶えよう。

そのことをもう一度、声を大にして言いたいと思います。

まとめ

1 子どもは「尊重されたい！」と願っている

2 子どもは「安心したい！」と願っている

3 子どもは「信頼できる人に出会いたい！」と願っている

4 子どもは「『できることがある！』と感じたい！」と願っている

5 子どもは「楽しみたい！」と願っている

6 子どもは「人とつながりたい！」と願っている

第3章

ポイント③

なんでそういうことするの？

行動の理由に関心をもち、褒め方と叱り方のコツを覚える

①「なんでだろう？　なんでだろう？」

——行動の理由を知るべし！

貫太郎君は3歳の男の子。

貫太郎君は車が大好き。今日も支援センターの待合室でおもちゃのバスで遊んでいます。

「素敵なバスね。ここのバスは大きいねえ」お母さんが言います。

貫太郎君は得意そうにお母さんの顔を見上げています。

それから30分がたちました。

バスを動かす手の動きは止まっていますが、貫太郎君はまだバスを見ています。

そこに時々支援センターで一緒になる、来夢君とお母さんがやってきました。

「あら、貫太郎君のお母さん！　こんにちは。貫太郎君もこんにちは。今からこの子を連れてお姉ちゃんの学校の面談に行くのよ。貫太郎君、またね」

来夢君とお母さんが支援センターの出口に向かおうとしたそのとき、貫太郎君はいきなり「キャー！」と奇声をあげて笑いながら来夢君のところに走っていき、来夢君を突き飛ばしてしまいました。

◇「困った行動」にも必ず理由（わけ）がある！

「子どもを怒ってばっかりで嫌になります」。発達障害のある子の保護者はよくそう言われます。なぜでしょう？

それは、発達障害のある子の場合、子どもがその行動をする理由がわからないからです。

子どもの行動の理由がわからないと、私たちは対応ができません。

理由はわからないけれど、子どもの行動は困るので、大人は子どもを叱ったり怒ったりして、その行動をやめさせようとします。

でも、子どもはなかなか行動をやめません。

やめないから大人は子どもを繰り返し繰り返し怒ります。

しかし、人が行動するには必ず理由があります。

必ずです。発達障害のある子の行動にも理由があります。

ただ、発達障害のある子の場合、その理由が私たちにはわかりにくいのです。

なぜなら発達障害のある子の行動は、第1章でお話ししたような脳の機能的特性によって引き起こされているからです。

これらの特性をもたない保護者は、これらの特性をもつ子どもたちが世界をどんな風に感じ、とらえているかがわかりません。ですからこういった特性から引き起こされる行動はなぜそんなことをするのか、理由を想像することもできないのです。

子どもたちが感じていることを知ろうとして本を読んだり専門家の話を聞いたりしても、子どもの感じる世界を実感することはできません。

しかし、それでもいいのです。

大事なのは、周りの大人が行動の理由を「知ろうとする」ことです。

子どもの行動には理由があるという前提に立って、子どもにどんな理由があるのだろうと興味をもち、子どもの「理由」を知ろうとする。それだけであなたの子どもへの関わり方は大きく変わるはずです。

◇困った行動の理由

子どもの「困った行動」には4つのパターンがあります。

①要求…その行動をすると自分の欲しい物が手に入る

「泣くとお菓子をもらえる」

②注目…その行動をすると注目を得られる「スマホで母親の頭を叩く」

③拒否・回避…その行動をすると今、直面していることを拒否できたり回避できる

「嫌いな食べ物がのった皿を食卓から払い落とす」

④感覚刺激…その行動をすること自体が目的

「体をゆらす・手を眼前で振る・耳を叩く」

◇「困った行動」に出会ったら即、理由を考える

「困った行動」にも必ず理由があります。ですから子どもが「困った行動」をしたら、即、「この子はなぜその行動をするんだろう」と行動の理由、目的を考えてみてください。

仮の理解でもいいのです。

第2章の子どもの願いのこと、そして先ほどの①～④のことを思い出してください。

貫太郎君はなぜ来夢君を突き飛ばしたのでしょう?

「笑ってるんだから来夢君が嫌なわけじゃないよね?」

「一緒に遊びたいと思ったのに来夢君がどっか行っちゃいそうだから?」

「バスの遊びに飽きてしまって自分に注目を集めたかったのかな?」

子どもが困った行動をしたときは、「あれかな?」「これかな?」と理由を考えてください。

最初は「当たらない」かもしれませんが、いろいろな状況での困った行動の理由をその度に考えていくうちに、だんだん、「この間もこういうときにこうなったからこれが理由かな?」というように、理由がわかるようになります。

② 自然に学べないから伝えよう！
――子どもに合った方法で「穏やかに」「根気強く」

◇発達障害のある子は自然には適切な方法を身につけられない

ところで例えば、先ほどの①要求、②注目、③拒否・回避、④感覚刺激の理由で「困った行動」をすることは、子どもなら誰にでも見られることです。しかし成長するにつれて、子どもは自然と人とのやりとりについての適切なルールを学び、「困った行動」ではない方法で願いを叶えるワザを身につけていきます。しかし発達障害のある子の場合、そうなっていかないことが多いのです。

それは発達障害のある子の次のような特性から来るものです。

①そもそも人への関心が向きにくい
②表情や身振りなどから、相手の意図を読みとるのが苦手
③ことばへの注意が向きにくい

④ことばが示す意図や意味を理解しにくい
⑤興味の幅が狭いため、人と楽しさを共有する経験が少ない
⑥周囲の人の行動を真似することが苦手
⑦やりとりの基本となる、「待つ」、「聞く」といった行動調整が難しい
⑧やりとりの基本になる感情調節が難しい

そのため彼らは自然に人とのやりとりのルールを学ぶことができないままに、周囲を困らせる形でストレートに自分の願いを満たすための行動をするしかないのです。

そのとき、子どもは行うのが簡単で効果的な行動を選びます。

奇声、お母さんを叩く、頭を床に叩きつける、暴言、パニックなどの「困った行動」で周囲の人を動かし、自分の願いを満たそうとするのです。

これは、発達障害のある子が自然には適切なコミュニケーションを学べなかった、もしくは間違った方法を覚えてしまった（誤学習）ということであって、保護者を困らせようとしているのではありません

子どもはどうしようもなく、その行動をとらざるを得ないのです。

◇望みを叶えられるコミュニケーションの方法を！

発達障害のある子は、自然にやりとりを学ぶことが難しいのですから、放っておいたらいつまでたってもできるようにはなりません。かといって叩いてしつけようとしたり、「いい子にしていなさい！」と言い続けてもまず、うまくいきません！

子どもが「自分自身の望み」を実現できるコミュニケーションの方法を、穏やかに、繰り返し伝えること、これしかありません。

貫太郎君で言えば「別の物で遊ぼうね」や「バスおしまいだね」と穏やかに伝えます。「困った行動」でなく望みを叶えるやり方がすぐに身につかなくても、「飽きてしまって別のことがしたい」という子どもの願いを理解した上で、何度でも穏やかに伝えます。

子どもに伝えるときに大事なのは、子どもに合ったやり方で伝える、ということです。

今、この子がどういう状態か、何が理解できて何がわからないのか、どういう気質か、さっと理解する子かじっくりわかる子か、といった子どもの状態を総合的に判断し、「困った行動」をとらずに願いを叶えるコミュニケーションの方法を繰り返し伝えます。

ゆっくり学ぶ子どもの場合は教えたことが定着するまでに時間がかかるので、繰り返し繰り返し、毎回、初めて教えるつもりで根気強く伝えます。

慎重で繊細なタイプの子の場合は本人にやらせるのではなく、周囲がどのようなコミュニケーション方法で伝えているのかを見せることで学んでもらいます。

子どもの発達状況と特性にマッチ！　気質にマッチ！　学びのスピードにマッチ！

子どもがひとりでは学べないことを学べるように、伝え方に知恵を絞ってください。

③ 子どもを理解し行動の理由を知る
――「SOUL」が大事

ひかるちゃんとお母さんはよく公園に遊びに行きます。ひかるちゃんはすぐに植え込みの方に行こうとしますが、お母さんはいつも「危ないからダメよ」と止めていました。

今日もひかるちゃんは植え込みの方にフラフラと歩いて行こうとします。

お母さんはふと、「この子どうしたいのかしら？」と思い、そのまま黙って見ていました。

するとひかるちゃんは公園の植え込みのところに行って、低木の葉っぱをしばらくそっと触っていました。

へえ、葉っぱが触りたかったんだ。お母さんはひかるちゃんについて新しい発見をした気がして、嬉しくなりました。

◇アメリカのコミュニケーションの秘伝

これまでのところで、子どもの願いを知ろう、「行動の理由」を考えよう、というお話をしました。第2章の「准君」はなぜ泣いたのでしょう？　貫太郎君はなぜ、来夢君を突き飛ばしたのでしょう？　私たちがそれを正しく当てることができたら、准君の、貫太郎君の願いを叶えてあげられます。「困った行動」に対応できます。

ここで参考になるのが、アメリカのコミュニケーションの「秘伝」「Silence　静かに、Observation　観察し、Understanding　理解に努め、Listening　聞く（子どもから発せられるさまざまな「ことば」に耳を傾ける)*」すなわち「SOUL」です。

◇静かに

私が特に大事だと思うのは、「Silence」です。

大人というものは、大体、うるさいです。

子どもと関わるときに大人はどうしても、こうして、ああして、これをしてはいけないと、必要以上に関わっていきます。

でもそうすると、本当の子どもの姿が見えなくなってしまいます。

「ああしろ」「こっちがいいよ」と言われて行った行動は、子ども自身の自発的な行動ではありません。自発的でない行動をもって子どもを理解することはできません。

ですから、まず静かに見守って子どもの「自発的な行動」を待ってください。そしてその自発的な行動を観察しましょう。

ひかるちゃんのお母さんがひかるちゃんが「葉っぱが好き」ということに気がついた

ように、これまで気がつかなかった、その子らしさをみつけられるかもしれません。

◇見る・聞く

観察する方法は、まず、見ることです。見るところはたくさんあります。

子どもが何を見ているのか？（モノ、人、環境）

どういうやり方で遊んでいるのか？

どのくらいの時間、集中して遊んでいるのか？

行動だけではなく、表情や全身の動きも見てください。

どういう表情をしているのか？

周囲の人への意識や関わり方は？（受け身か積極的か）

周囲の刺激にどんな影響を受けているか？

安心感をもってその場にいるか？

＊コロラド大学のインリアルアプローチ（アメリカの言語障害に対する支援法のひとつ）による。インリアルアプローチでは、「Silence」「Observation」「Understanding」「Listening」の頭文字をとった「ＳＯＵＬ」を重視します。

どっちに体を向けているか？
緊張しているか？　リラックスしているか？

……「聞く」ことも大事です。鋭い叫び、威嚇するような大声、落ち着いた感じの柔らかい声立て……。ことばが話せない子どもでも、どういうときにどういう音を出すかを気にかけていると、言語ではない「音声」からも子どもの気持ちがわかります。

子どもたちは全身からサインを発しています。ことばがしゃべれなくても、ことばにならない音、身振り、手ぶり、視線、表情、時には全身の緊張感や体が向く方向などから、私たちは多くのメッセージを受け取ることができます。

子どもが何を願っているか、どう感じているかを理解したいという思いで、子どものことばや、ことば以外のサインに耳を傾けてください。

◇理解に努める

子どもに関心を向けて子どもを「見る」「聞く」。全身からのメッセージに耳を傾ける。

次は観察したことから、子どもの「これが好き」「これは嫌い」「こういうことをした

い」「こういうことをしたくない」「こういうときに困ってしまう」**このような子どもの気持ち、子どもの考えを推し量ってください。**

そして、そこから

「だから、こういう援助をしてくれたら嬉しいです」

「だから、こういうことをしないでください」

「だから、こういうときの対応を私にわかるように教えてください」

という、**子どもからあなたへの「お願いメッセージ」を導き出してほしいのです。**

准君や貫太郎君の気持ちは？　なぜそういう行動をしたのでしょう？

彼らの「お願いメッセージ」は何でしょう？

④ 子どもが喜ぶ褒め方を極める
――どうやって褒めたらいいの？

◇褒めることはなぜ大事か？

「褒めることは大事だ」とよく言われます。なぜ褒めることは大事なのでしょう？

それは「褒められる」ことで子どもが、認められた、尊重された、と感じるからです。

褒められるということは自分の存在や行動を人が「ＯＫ」だと言ったということです。「すごいね」「いいね」「素敵ね」ということばはイコール「そういうキミがいい」という意味です。その子を認め、尊重することばです。

「褒められる＝認められ、尊重される」ことで子どもは、「自分の存在っていいんだ」と思います。そうして子どもの自尊心が育っていきます。

ただ実際には、発達障害のある子は褒められることは少ないのです。

発達障害のある子は、次から次へと周囲を困らせる行動をします。これは脳の機能的特性からくるもので、やる気がないとか、わざとやっているわけではないのです。

このことを頭で理解している保護者であっても、次から次へと繰り出される「困った行動」に疲れてしまって、思わず「もう！何でできないの」「きちんとしなさい」「早くしなさい」というようなことばが口をついて出ることは、あることでしょう。

しかし、理由がどうあれ、このようなことばは子どもの自尊心を傷つけます。

こんな風に言われ続けると子どもは、「認められていない」「尊重されていない」と感じ、「どうせ、自分なんて……無理」「どうせ、自分なんて……ダメだ」というような気持ちをもってしまいがちです。

自尊心は子どもが意欲をもったり、自ら何かをしたり、頑張ることを支えます。

だからこそ、子どもの自尊心を傷つけてはいけません。

子どもの自尊心を育てることばをかけてあげたいのです。

◇何を褒めるか

では、具体的に何を褒めたらいいのでしょう。

① 褒めるのは「行動」だけではない

褒めるのは「褒めて何かをさせるため」ではありません。

また、何かができたから褒めるという「成功に対する評価」でもありません。

「褒める」目的は、子どもが尊重された、認められたと感じることであって、「できたかどうか」は問題ではありません。「褒めるために褒める」でいいのです。

発達障害のある子の場合、行動を褒めようとしてもなかなか褒めることがみつからなかったりします。しかし「認める、尊重する」ために褒めるのであれば、褒めることはたくさんあります。

子どもの行動だけではなく、既にできていること、いつもやっていること、存在、努力、変化、気持ちなども「褒めること」です。

既に行っている本人なりの努力や頑張り…今日も8時に起きられたね
子どもの存在やもっているものに関すること…

アキラは元気いっぱいだな、アキラのミニカーは速そうだな

行動の変化…今日はミニトマトを2個食べられたね

身体的成長や変化（身長が伸びたなど）…手が大きくなったなあ

本人の感情、共感したい気持ち…ひかるちゃんは楽しいよねぇ

周囲の人が気付いた、いい点…おばあちゃんが千春ちゃんのお目目が綺麗ねって

②「褒める」上級編

尊重する、認めるという「褒めることの目的」を最大級に達成できるコツがあります。

それは……「子どもが褒めてほしいことを褒める」ことです。

美里ちゃんはいろいろな色の積み木の中から赤の積み木だけを選んで、慎重に慎重に積み上げました。

やった！　今まで難しかった「積み木の10個積み上げ」に成功しました！

10個積めた！　全部真っ赤！　美里ちゃんは嬉しい気持ちです。

このとき、お母さんが「積めた！　真っ赤だね！　素敵だね」と褒めたら？

美里ちゃんは「チョー嬉しい！」

お母さんは赤い積み木だけで積み上げたい、という私の気持ちをわかってくれた。真っ赤な積み木だけで高く積み上げたことを私と一緒に喜んでくれた。

子どもの「このことを認めてほしい（＝赤い積み木だけを高く積みたい）」という思いをキャッチして「尊重し」「認める」。

そして、「認めてほしいことが成功した（＝赤い積み木だけで高く積めた）」ことを、共に「楽しみ」「喜ぶ」気持ちがあなたの中に沸いてくる（＝赤い積み木だけを高く積めた！）。それを表現した物が「褒める」ということなのです（＝積めた！　真っ赤だね！　素敵だね）。

そんな風に褒められたとき、子どもの自尊心はムクムクッと育ちます。

子どもが褒めてほしいこと、認めてほしいことをみつけてください。

③でお話ししたように、静かに、見て、聞いて、観察して、みつけてください。

褒めてほしいことを褒めたとき、子どもはとても喜びます。そしてそのとき、きっとあなたも嬉しいはずです。

◇褒めるときに気をつけること

時々、せっかく褒めたのに、子どもが怒ってしまうことがあります。なぜでしょうか？　それは褒め方が子どもの望むものではなかったからです。何でも褒めればいいというものでもないのです。褒めるときに気をつけたいこととして、次のようなことがあります。

①タイミングよく褒める

子どもは「今」を生きています。喜びを感じたその瞬間に人と喜びを分かちあいたいのです。ですから「お！今、やったぜ！って思ってるな」と思った瞬間に、タイミングよく、声をかけましょう。

②端的に、わかりやすく褒める

画用紙に書いた絵を褒めるときに「色の選択とグラデーションが素晴らしい」と言っても子どもは褒められた感じがしません。「これ好きだ」「見ていて気持ちいい！」など端的に褒めましょう。

③ 比較せずに褒める

子どもは誰かよりもよいとか悪いとかといわれても、「自分が」認められたとは感じません。

④ 子どもが心地よい、わかる表現で褒める

認められ、褒められていると子どもにわかる、心地よい表現で褒めてください。ハグ、オッケーサイン、両手で大きな円を書く、紙に丸印を書く……。ことば以外にもいろいろな表現が考えられます。

あなたのお子さんはどのサインを喜ぶでしょう？

褒めようとして、頭を撫でられるのが嫌いな子の頭を撫でたりしないように、よくよく子どもを観察してください。

発達がゆっくりな子どもでも、意外にわかって伝わるのはハイタッチです。

ご褒美にお菓子などをあげるときも、褒めることを忘れないでください。

⑤ 子どもが心地よい程度と内容で褒める

褒めるときには程度や内容にも気をつけてください。大袈裟に褒められるとビックリしてしまう子もいますし、褒められると今度失敗したときはどうなるのかと思って

プレッシャーを感じる子もいます。

褒められたときの子どもをよく観察して、不快さやプレッシャーを与えない褒め方をみつけてください。

◇褒めるのが難しかったら

お子さんの褒めるところ、みつかりましたか？　最初は難しく感じるかもしれません。

「かわいい」「大好き」「よしよし」「なんかいいね」

褒めどころがみつからなかったら、まずはこんなことばで褒めながら、だんだん、褒めるところをみつけるようにしてください。

必ずみつかるようになります。

そして、そうやって褒めるところを探していると、自然にいつでも子どもを認め、尊重するようになってくるでしょう。それもまた、褒めることの効果だと思います。

5 どうやって叱ったらいいの？

唐史郎君はハンバーグが大好きです。今夜はハンバーグ！
「わー、大好きなハンバーグだ〜！」
唐史郎君は興奮気味です。嬉しくてたまりません。
お母さんのハンバーグを唐史郎君は本当に愛しています。
「ハンバーグ！ハンバーグ！ハンバーグよ永遠に！」くらいの感じなのです。
嬉しくてしょうがない唐史郎君は、嬉しいときの癖で食卓をバンバンと叩きました。
その拍子に手がお皿にあたってお皿を跳ね飛ばしてしまいました。
ハンバーグは付け合わせの赤いスパゲッティと一緒に床へ……。
「あっ。大事なハンバーグ。落ちた」
唐史郎君が悲しみにくれ、途方にくれて床に落ちたハンバーグを見ていると……。
「もう！しょうがない子ね。お皿をひっくり返さないの！」お母さんの声です。

「ハンバーグ、そんなに嫌いなの？　そんなに嫌いならもう作ってあげないからね！」

「お母さん、ボク……」

◇叱る内容は限定する

叱らなくてはならないこと、それは、「子どもや周囲の人に対する危険な行為」です。

危険な物を触る、危険な行為をする、人を傷つけるなどです。

子どもも社会の中で生きていく以上、自分や周囲の人に対する危険な行為はしないことは、どうしても身につけなくてはなりません。

「ダメ！」「危ない！」という風に、短く、きっぱりと叱ります。

反対に、「子どもや周囲の人に対する危険な行為」以外の「困った」行動は、基本的に叱る必要はありません。

あれもこれも叱っていると、本当にやってはいけないことがわからなくなります。

「これは危険だからやってはいけない」ことを本当に理解してもらうためにも、叱る内容は限定しましょう。

また叱られすぎると、何に対してもやる気自体がなくなりますし、成長に欠かせない自尊心や自己肯定感も失われます。これは避けたいことです。

◇「困った行動」を注意するときのポイント

危険ではないが「困った行動」は山ほどあります。「困った行動」は叱るのではなく、それをしてはいけないのだと気付かせるようにします。

① 自尊心を傷つけない

「ダメな子」「どうしようもないな」「バカ野郎」

子どもの自尊心を傷つけることばは使ってはいけません。絶対に言ってはいけない。自尊心が傷つくと子どもは成長できません。

子どもがあなたを疲れ果てさせるような「困った」行動をすることもあるでしょう。へたり込みたくなる、カッとくる、そういうこともあると思います。

そういうときは、行動を注意してください。「しょうがない子！」ではなく、「テーブルを叩いてはだめなのよ」と言います。子どもが「自分がダメなのではなく、自分の行動が良くなかったのだ」と感じとることができるように話をしてください。

②「しないで」ではなく「しましょう」――具体的で肯定的な表現で伝える

「うるさくしないで！」「走らないの！」「邪魔しないで！」ということばからは、子どもは「じゃあ、どうすればいいのか」を知ることはできません。わかるのはただ、「自分はいけなかったんだ」と否定された、ということだけです。

「走らない」→「歩きます」

「騒がないで」→「お口を閉じます」

楽しい表現も考えてみてください。

「御飯を残さない」

→「綺麗に食べたらピカピカ君がピカピカって褒めてくれるよ！」

子どもがどうすればいいのかわかる具体的、肯定的な言い方を心がけましょう。

唐史郎君のお母さん、「お皿をひっくり返さないの！」ではなくて「手を膝においておこうね」という言い方をしてあげてほしいですね。

③「〜しなさい」ではなく「一緒に〜しよう」

しなくてはならないことを子どもがやらなくて困ることがあります。片付けが典型的です。子どもは「やろうとしてもどうしたらいいかわからない」「何となく気が進まない」「時間がかかると遊ぶ時間がなくなっちゃう」などさまざまな理由でやろうとしません。

そういうときには大体、「やりなさい」「いやだ」という「戦い」になりがちです。でも戦わなくてもいいのです。**子どもひとりでやらせることにこだわる必要はありません。協力してパパッと解決するのもひとつの方法です。**「一緒にやろう！」と言うと、子どもの心が動くことがよくあります。こんな感じです。

「靴を片付けなさい」→「靴を一緒に片付けよう！」

「お友だちにあやまりなさい」→「一緒にあやまろうか！」

④子どもにしてほしい行動をまず周囲が楽しくやってみる

叱られてやる行動は定着しにくいものです。逆に楽しいと自分から進んでやります。そこで、日常的な着替え、準備・片付け、歯磨きなどは、まずは周りが楽しそうにやってみるのも手です。

大人がいかにも楽しそうにやってみせると、意外に子どもも楽しい気分になって動くことがあります。楽しさは自発的な行動を定着させる契機になります。

「大変だ。おもちゃが出たままだ。助けて～カタヅケマーン」

こんな感じです。皆さんのセンスの見せどころです。

⑤感情に振り回されず、冷静に伝える

カッとして叱る、こらえきれなくて叱る。あることだと思います。

しかし、感情のままに子どもを叱ってもまず、効果はありません。

叱られている間、子どもは「叱られてる」「嫌だ」「早く逃げたい」しか考えませんから、「何を叱られたか」「次からどうしたらいいのか」はほとんど頭を通らないですし、伝わりません。また同じことをやってまた叱られます。

静かに冷静に話した方が何がいけなかったのか、どうすればいいのか、に注意がむきます。カッとして怒りたくなったとき、このことを思い出してください。

まとめ

1 子どもの行動の理由を知ろう

2 発達障害のある子の行動は、脳機能特性によって起きる

3 発達障害のある子の体感世界は実感できないが、理解への努力が大切

4 困った行動の目的は、①要求、②注目、③拒否・回避、④感覚刺激

5 SOULを念頭に理解を深める

6 発達と特性、気質、学びの傾向にマッチしたコミュニケーションのしかたを伝える

7 タイミングを外さず、子どもが喜ぶ内容、方法、程度を考え、尊重し、認め、褒める

8 叱るのは危険なことだけ
それ以外は、してほしいことを端的、具体的、肯定的に伝える

第4章

ポイント④

どうやって遊んであげたらいいの？

大人はガイド！　子どもと遊ぶコツを覚える

翔君は3歳。ミニカーが大好きで、1日中遊んでいます。

今日もご機嫌でリビングのフローリングに20個に及ぶミニカーを並べてうっとりとした目でみつめています。

翔君はまだことばが出ません。

先日、お父さんとお母さんは翔君を連れて市の『ことばの相談』に行きました。

担当の先生のアドバイスは「一緒にたくさん遊んであげてください」というものでした。

リビングに入ってきたお父さんは先生のアドバイスを思い出して、翔君に声をかけました。

「よし！翔、一緒に遊ぼう。ほら、並べてるだけじゃつまんないだろ。いいか？こうやって走らせてみな」

そう言いながらお父さんは青いミニカーをつかもうと手を伸ばしました。

「きゃー」

翔君は叫び声に近い大声をあげながらお父さんの持つミニカーをひったくり、お父さんに噛みつきました。

① 遊びは子どものすべて

◇ことばを学び、生きる技術を学び、生きる喜びを知る

ことばは「訓練」で単語や言い回しを覚えることで使えるようになるものではありません。ことばはそれまでの子どもの「経験と学び」が混然一体となってその子のものになって、その中から自然と生まれてくるものです。そしてその、ことばの土壌となる「経験と学び」を子どもが得るのに最適なのが「遊び」なのです。

子ども、特に小さな子どもは、ダイナミックに体を動かしたり、おもちゃを触ったり、物を作ったりという「遊び」を通して、モノや人や社会とはどういうものか、どういう仕組みなのか、それとどう関わっていったらいいのか、を学びます。

ことばはそうした中で生まれます。

例えばミニカー遊びが好きで好きでたまらない子は、車を表すことばを言いたいと思

うのです。「ブー」と言えたら、お母さんに「ブー」と言っておもちゃ箱から車を出してもらえます。お父さんに「ブー」と言ってソファの下のミニカーを取ってもらうことができます。おばあちゃんに「ブー」と言って大好きな赤いミニカーを自慢できます。

遊びを通して子どもが自分の周りの世界を理解し、人とコミュニケーションをする。その中で芽生える「この世界を知りたい、感じたい、表したい、伝えたい、関わりたい」という気持ち。

そういう気持ちが子どもがことばを覚えてことばを使う原動力になるのです。そして「伝えたい、表したい」という欲求は「遊び」において、最も強く起きてきます。

また、遊びの中で子どもは身の回りの物の役割や出来事の原因と結果の関係（「乾いた砂に水を流し込むとドロドロになる」）や感情コントロール（「やりたい気持ちを抑えてゲームの自分の順番を待つ」）など、生きていくために必要な技術を学びます。

さらに遊びの中で子どもは、喜びを感じ、生きていて嬉しいと感じます。

遊びを通して、「喜びに満ちる今」を生きていることを実感するのです。

ことばを学び、生きるための技術を学び、生きている喜びを実感する。
遊びは総合学習なのです。

◇子どもの好きな遊びを一緒に探そう！

子どもは遊びから多くを学びます。でも、中には自分が好きな遊びをまだみつけられない子もいます。**その場合には子どもが「これ楽しい」と思える遊びをみつけられるように助けてあげましょう。**

自閉スペクトラム症の子どもの場合は、子どもにとって予想しやすい、わかりやすい遊びやおもちゃを探してあげましょう。例えば、簡単なパズルや棒刺しなどは完成が目で見てわかるので楽しめることが多いです。

自閉スペクトラム症の子どもは周囲に関心が向かずやりとりが難しいのが特徴ですが、好きな遊びがみつかると自分にわかる遊びの中で、やりとりの力が少しずつ芽生えてきます。これもいろいろな研究で明らかになっています。

◇安心できる環境で、「自由に」「楽しく」

子どもが楽しく遊ぶには、まず、安心できる場所や人の環境が必要です。

ですから私たちは臨床の際、「遊びましょ！」という前に、まず子どもに場所に慣れてもらったり、子どもが私たちに対して安心感をもってくれるように配慮します。

子どもがお家でも楽しく遊べるよう場所や人の環境を整えてあげてください。

また、何をするかを子どもが自由に選べること、遊びがその子にとって楽しいものであることも必須です。「自由」「楽しい」これは絶対にはずせない要素です。

ただ、中には自由に遊びを選べと言われても、どうしていいかわからない子や周囲が用意した方が安心する子もいるので、そのときは、子どもに合わせて自由度は変えます。

◇遊びをすこ～しずつ拡げる

子どもが好きな遊びをみつけたら、次は子どもと一緒になってたくさん楽しく遊びましょう。**そして次は、子どもの「遊びを拡げる」ことを考えてください。**

「遊びを拡げる」というのは、子どもが自分では思いついて楽しむことができない遊びを「こんな風にも遊べるよ」と子どもに示す、大人がガイドになって遊びを発展させることです。

大人が子どもに働きかけて新しい遊び方を示す。

子どもがやってみる。わあ！もっと楽しくなった！

こういう経験をすると子どもはもっと楽しく遊びたいと思います。

そしてもっと楽しく遊ぶために、相手と関わりたい、相手の言うことをわかりたい、自分の思っていることをわかってほしい、と思うようになります。

このような関係になると、子どもは相手の遊びを「じーっ」と見ます。「一緒に遊ぼう！」と誘ってきます。こちらが「見て～」と言うとそのことばに敏感に反応します。

◇大人はガイドに徹するべし

遊びを拡げる際に大事なことは「子どもが喜ぶように拡げる」ことです。

そのために、大人はガイドに徹したい。

「拡げよう」として大人の考える遊びを押しつけてはいけません。翔君が怒ってしまったのも、お父さんに「走らせる」という新しい遊びを押しつけられたと感じたからです。押しつけられた遊びは子どもが選んだ自由な遊びではありません。押しつけられると楽しくなくなります。

あくまでも子どもの状態に添って、子どもが楽しんでいるかなということをいつも意識しながら、ゆっくりと、少しずつ、子どもの遊びを「拡げる」ことを考えてみてください。翔君の場合なら、

車を色ごとに整列してみせる

紙に駐車場や道路を描き、車を走らたり、駐車するように誘ってみる

嫌がるなら子どもは楽しくないということです。やめましょう。

② 自発的な遊びが大事

——人は自発的な行動において多くを学ぶ

人間を含めて動物は、自発的に行動するときに最もよく学習します。

この点に関して、アメリカで行われたネズミの実験があります。

ネズミが自分で動いてひげがモノに触れた場合と、ネズミの意志と関係なくひげでモ

ノを触らされた場合とでは、刺激量は同じでも大脳皮質の刺激の感じ方が大きく違いました。自分で動いたときの方が10倍も大脳皮質の活動量が多かったのです。**つまり、自発的に行動した方が10倍印象に残る、10倍の経験として感じる、ということです。**

将棋の藤井聡太さん、フィギュアスケートの羽生結弦さんはじめ「その道を究めた人」に共通するのはそのことが好きで好きでたまらず、自発的にそのことに向かっていったということです。自発的行動が人にどれだけのエネルギーをもたらすかは、このことからも明らかです。

だから、自発的ではない「訓練」より自発的な「遊び」において子どもは多くを学ぶのです。

子どもと遊ぶとき、遊びを拡げるとき、大人はついつい翔君のお父さんのように「こうしたら楽しいぜ」と大人の方法を押しつけたくなります。

でも、それだと遊びの中心は子どもではなく大人になってしまいます。子どもの遊びにおける自発性は損なわれてしまいます。**ですから、もしそうなってしまいそうなときは、「遊びが自発的だからこそ、子どもは多くを学ぶ」ことを思い出してぐっとこらえて、ガイドに徹していただきたいと思います。**

③ 具体的な遊びのみつけかた

——子どもの発達段階・発達特性・趣味嗜好に応じた遊びを提案しよう

◇子どもの発達段階・認知段階から遊びを検討する

その子に合った遊びを探すときは、基本的には、

① 子どもの認知的な発達段階・発達特性
② その子の具体的な興味関心
③ 感覚的な好き嫌い（目、耳、手の感覚、全身の揺れ、身体の動かし方、触覚など）

から考えていきます。

まず、① 認知的な発達段階（認知＝その子がどういう風に世の中を見ているか、感じているか、分析しているかの発達の状況）ごとの遊びの例をみてみましょう。

第一段階――一本橋こちょこちょ、高い高いなど

触る感覚、揺れる感覚、固有感覚（骨と筋肉の位置と角度に関する感覚）など、体での認知という、一番初期的な認知を使う遊びの段階です。

一本橋こちょこちょなどの手遊びや「高い高い」や体をしっかりと抱っこしてあげるなどの体を使った遊びがこれにあたります。子どもはくすぐられる感覚、身体が持ちあげられる感覚、抱きしめられる感覚などを楽しみます。

体の感覚は一番わかりやすいので、まだ周りへの興味関心がもてない子には、まずは、この段階の遊びの中から好きな物を探します。

第二段階――シャボン玉、太鼓

自分の行動と感覚を結びつけることができて、それを遊びにできる段階です。

「手で水をばしゃばしゃする　↓　水が顔にかかるのを感じる」「太鼓を手で叩く　↓　音が聞こえる」というように、自分の行動と自分に起きる感覚につながりがあるということがわかり、それを意識して楽しめます。手ではたくと飛ぶ風船やはじけて壊れるシャボン玉、叩くと音が出る楽器、などがこの段階の遊びです。

第三段階――型はめ、棒刺し

目と手を協力させて使う遊びや道具を使っての遊びを楽しめるようになる段階です。ボールを持って穴にいれるとか、輪を棒に刺す、凹凸のある羽目板型のパズル、おもちゃの野菜をおもちゃの包丁を使って切るなどです。棒刺しは始めは全部抜いてしまったり投げてしまうことも多いですが、やがて刺すこともするようになります。

根気強くつきあっていくことが大切です。

楽しめることが増えればいいなぁという姿勢で、「できる、できない」や「いつできるようになるか」を問題にしないで楽しく遊んでください。

とにかく、子どもと楽しく遊ぶ、遊ぶ、遊ぶです。

子どもによってはボールを握り続けられない、入れる穴を見ない、見続けられない、おもちゃの動きを追うことができないなど、上手に遊べない場合があります。

そのようなときは楽しむことができるように、おもちゃの選び方や活動を工夫します。ボールが握り続けられないケースで、握っていることが難しいならつかむ動作を助けてあげたり、触れることに敏感ではなくてボールを持っている手に意識を向けなさすぎるなら「君は今ボールを持っているよ」と握っている手をつかんでぶるぶると振るわせて、気付かせることもあります。

楽しむことができるように、できる限り助けます。

この段階までの遊びを成功させるコツは、子どもの興味に合わせながら、行動したときの変化がわかりやすい、反応性が高く結果が予想しやすいおもちゃ、見ている時間が短くても楽しめるおもちゃを選ぶことです。

ボタンを押すと音がでたり光が点滅したり、振動したり、扇風機みたいに風が起こるおもちゃなどですね。

粘土の造形や絵を描くのが好きでない子どもの中には、型はめや見本を見ながら同じ物を作ることが好きという子どももいます。参考にしてみてください。

第四段階――積み木、見立て遊び、やりとり遊び

積み木で何かを積み上げたり何かを想像して作ったりする見立て遊びやボールを使ったやりとり遊びを楽しむようになります。

ボールや風船のやりとりは相手を意識していないとできません。発達障害のある子は周囲に関心がないので相手を意識し続けるのがなかなか難しく、ボールを投げたはいい

が相手が取ったかどうかを見もしないでどこかへ行ってしまうようなことがあります。根気強くやってみてください。

同時期に、ことばへの興味関心が出てくることも多いです。好きなキャラクターや乗り物、食べ物を印刷したり書いたりしたものをノートに貼ったスペシャルな本などもいいかもしれません。ご家族の顔の写真もいいと思います。結構集中してページをめくり、楽しむことがあります。

第五段階――ごっこ遊び、ルールがあるゲーム、本

それまで積み上げてきたさまざまな遊びを組み合わせて、いわゆるごっこ遊びを楽しむようになり、友だちとルールのあるゲームを楽しむようになります。

本もカタログ的な本、簡単なストーリーの本、物語とだんだんとより長く、複雑に、想像力を必要とするものを好むようになります。

子どもをよく見て発達段階に合った遊びを提案してみてください。

ひとつのものを集中して見続けることがまだできない子に、長い通路をビー玉がコロコロと落ちてくるおもちゃは合いません。「ほら、ビー玉見てよ～」と子どもに見続けることを求めるより、どのくらいの時間、続けて見ることができるかを観察しながら、その時間内で楽しめるおもちゃや活動を考える方がいいです。例えばボタンを押すとすぐにピカピカとライトが点灯するおもちゃなら、見ていられる時間が短くても楽しめます。

子どもをおもちゃや遊びに合わせるのではなくて、子どもに合ったおもちゃや遊びを選びましょう。

◇「何が好き？」──子どもの興味関心、好き嫌いに合わせる

発達段階に合っているおもちゃなら絶対大丈夫なわけではありません。

ごっご遊び期になっても、ごっこ遊びにあまり興味を示さないことはよくあります。それに子どもには子どもの、そのときそのときの興味関心、好き嫌いがあるのです。

子どもの発達段階にあったおもちゃ、というのは、遊びを探すひとつの手がかりにすぎません。子どもを「静かに、見て、聞いて、観察して」好きなもの、興味関心を知ってください。それも手がかりです。それらの手がかりから、子どもが楽しめる遊びをみつけて提案してみてください。

そして子どもの様子、反応を見て、楽しそうかどうかを確かめる。やってみて子どもが嫌がること、楽しくなさそうな遊びはダメです。

強引に、無理に遊びに誘わない。

子どもが楽しんでいることは必須です。

最初の提案が「却下」されても、根気強く、その子に合った遊び、その子が楽しめる遊びを探してください。

いけそうなら、一緒に楽しく遊びながら少しずつ少しずつ遊びを拡げてください。「少しずつ」です。そうやって道を探り探りしながらガイドしていくことが大切です。

◇適度な刺激に配慮する

子どもによってはおもちゃのリアクションが刺激的すぎてびっくりしてしまうこともあるので、適度な刺激は何か、刺激過多ではないか、反対に刺激が足らないのではないかなどを考えることも必要です。

◇遊びの「終わり」「始まり」をわかりやすく伝える

遊びの「始まり」と「終わり」、特に「終わり」をわかりやすく伝えることも大事です。

お気に入りの遊びに没入すると際限なく遊び続けることもありますが、それは許容できません。遊びを終わりにする時間が近づいたら「そろそろ終わりになるよ」と伝え、終わりの時間が来たら「終わりだよ」と穏やかに伝えてあげてください。

本人がわかる方法で伝えることが大事です。

「このボールを全部あそこに入れたら終わり」というように目で確認できる方法やカウントダウンしながらおしまいなど本人が理解できる方法を探りながら、遊びの終わりを理解できるようにしたいです。そして次に起こること、やることを本人にわかる形で示してください。「始まり」の提示です。

「終わり」と「始まり」をわかりやすく伝えると、子どもたちは安心することができます。

④ こだわりにこだわらない

◇こだわりへの理解を

こだわりには、場所のこだわり、時間のこだわり、人のこだわり、モノのこだわり、考え方のこだわり、やり方のこだわり、などがあります。

こだわりには本人の世の中の理解のしかたや環境とのつながり方が反映されています。**こだわりは私たちが子どもを理解する大事な手がかりになるのです。**

ですから「こだわり行動はよくない」と何でもかんでもやめさせるというのではなく、まずその行動を観察して、どうしてそんなに楽しいのかを考えてみてください。

翔君がミニカーをずらっと並べるのは同じ方向に「並んでいる」という状態が感覚的に気持ちがいいからでしょうか？　日曜日のお出かけのときに遭遇した、道路渋滞でズラッと並ぶ車のシーンを再現しているつもりだからでしょうか？

こだわりの根底にあるその子の「理由」がわかれば、その子の大好きな「こだわり」

に共感的に関わりながら、そのままそれを利用して、遊びや活動や生活を拡げていけるかもしれません。**こだわりを使って「ガイドしながら遊びや生活を拡げる」のです。**

例えば、翔君が「並んでいる状態が気持ちいい」のであれば、玄関の靴を並べてもらう。食器棚にマグカップを並べてもらう、などに誘うことができます。

◇注意！ それは本当に子どもが好きでやっているこだわり行動でしょうか？

ただ、時に、ずーっと同じ遊びをやっているけれど本当にやりたくてやっているのではなく、自分で遊びを展開することができない、違う遊びに切り替えることができないから同じことを続けているという場合があります。

そうかもしれないと思ったら大人がその遊びの新しい遊び方を見せてあげてください。または、別の楽しめそうな遊びを見せて誘ってみてください。

興味をもったようなら今の遊びを終わりにしようと提案して、次の活動へ移行します。場合によってはとても緊張している中で、こだわり行動を「頼みの綱」としていることもあるので、様子をみながら対応してあげたいものです。

◇ストップ！　止めたいこだわりは何でしょう

こだわりは悪いばかりではありませんが、止めなきゃいけない「こだわり」もあります。**時間やお金があまりにもかかるもの、健康や安全が脅かされるもの、それをやってしまうとあまりにもさまざまなことが学べない、参加できない、というものは止めてもらわないといけません。**

好きだからと言って毎日6時間の深夜ドライブをすれば、睡眠時間、ガソリン代などさまざまなコストがかかります。

好きだからと言っておもちゃを叩き壊す遊びは許可できません。

好きだからと言って、お友だちの頭を端から叩く遊びもダメです。

こう考えてみると、止めなくてはいけないこだわりというのはそれほど多くはないことがわかります。ひたすら並べるとか遊び方を変えないというのは、基本的には止めなくてもいいのです。

ただ、「こだわり」のせいで子どもとご家族の生活がしにくいとか、「こだわり」のおかげで子どもと家族の楽しい時間が奪われているとしたら、それは困ったことです。こだわりを止めるかどうかについては、このような視点で考えることも大事だと思います。

5 遊びが楽しくなるようなことばを使おう

◇短いことばで実況中継――端的に具体的に肯定的に

ところで、遊んでいるときには、どんな風に声をかけたらいいのでしょうか？

話さなきゃと思ってやたらに話すのは逆効果です。情報過多で混乱してしまいます。

コツは、端的に、具体的に、肯定的に、です。

子どもの視点で見ているものや子どもやあなたのやっていることをごく短いことばで実況中継をしたり、気持ちをことばにしてあげてください。「ひよこさんね」「人参切れたね」「ボールを入れるよ」などと実況中継する。子どもが探しているおもちゃをみつけたときに「あった！」、遊びが成功したときに「やった～」など子どもの気持ちをことばにする、などです。

ただし、中にはことばがけをするとことばの刺激が気になってしまって遊びを楽しめない子もいます。そういうときは、様子を見て、時にはことばかけを控えます。

子どもは遊ぶときは特に集中しているので、何かことばがけしてもそのことばを聞いていないこともあります。そのことも頭においてください。

◇「これならわかる！」――目に見える形で伝えよう！

簡単で具体的な言い方にすると同時に、目で見せてあげられることはできるだけ目に見える形で伝えるようにしてください。

例えば、「ボールをこの穴に入れる」ならば、「ここに入れるんだよ」と言いながらボールを実際に穴に入れる動作をしてみせて、それを伝えましょう。

子どもが「どうすればいいの？」と聞いてきたら、子どもが迷わないように、他の解釈ができない言い方をしてください。

「そっちの端のボタンを押して」とか「ちゃんとしてね」のような曖昧な表現だと、言われていることがわからないことがあります。

遊びをするのに必要な情報を、穏やかに、端的に、具体的に、視覚的な情報もきちんと意識しながら子どもに伝えてあげてください。

聞いたからわかった、見たからわかったを積み重ねることは、遊びを成立させることに留まらず、子どもが「聞いてみよう」「見てみよう」と思うこと、ひいては人と関わるといいことがあると思うことにつながります。

6 家事をやろう！

◇遊ぶのが難しい？　でしたら家事を！

遊びが大切なことはわかったけれど、時間がなかったり、下に小さい子がいて手が空かなかったりしてなかなか遊べない場合もあるでしょう。

子どもによっては、人という刺激の予測のしにくさに困惑したり、自由に遊んでいいよと言われると困ってしまったり、大人が自分の許容量を越えて関わってくることに対する嫌悪感やひとりで自分のペースで遊びたいという欲求が強い、などの理由で、いざ遊ぼうとしても子どもが嫌がってしまい、遊びが成立しにくいこともあります。

そういうときは代わりに、子どもと一緒に日常の生活の中の家のこと、家事を一緒にやりましょう。

家事？　なぜ、遊びの代わりに家事なのでしょう？

◇家事はとても学びやすい

遊びは自由度が高いです。それは子どもの発達を支えるものではありますが、自由度が高いがゆえに、中にはどう遊んでいいかわからない子もいます。

この点、家事はルールに則って行われます。やり方が決まっているのです。子どもは毎日の生活の中で家事が行われる様子を自然と見ているので、家事には決まったやり方があることを理解していることが多いですし、ルールに従わないとケガをしたり、いい結果が出ないということも身をもって知っています。

例えば「そぉーっと注いでね」というお母さんのアドバイスに従わないとおいしいジュースをこぼしたり、手で触らないというルールを破るとやけどをする、などです。

だから子どもは家事に関しては自然と、ルールに則って行動しようとします。

キチンとたたまれた洗濯物、ピカピカになったお皿。

やることや、やった成果を目で確認しやすいのも家事のいいところです。

また、家事の場面で子どもが出会うのは人ではなく、物や道具です。遊びにおいて出会う「人」は、そのときそのときで違う反応をする、「変化」の塊のような存在です。発達障害のある子は予測することのできない「変化」は元々、苦手なのです。

その点、物や道具は変化しません。どう扱えばいいかはほとんど決まっています。

また、子どもたちは物や道具の適切な扱い方を知っているのは年上の家族であることをよく知っているので他の家族の物や道具の扱い方を一生懸命真似しようとしますし、うまくいくためのアドバイスもよく聞きます。

◇「ありがとう」「助かるわ」と言われるチャンスがたくさん！

また、家事をすると、「ありがとう」と言われます。遊んでくれてありがとうは不自然ですが、お手伝いなら大人も自然に「ありがとう」と言えます。子どもたちが「自分は人の役に立つ人間だ」と小さいころから実感できる経験として、家事はとても大切です。

◇ハーバード大学発「子どもの家事参加の効果」

ハーバード大学が行ったGrant Studyという研究があります。それによると、子どものころから家事を手伝う習慣のある子は社会に出てから、仲間と助け合い、協力しながら自主性をもって仕事ができる傾向が強いというのです。**家事の中で、できる、褒められた、感謝された、という経験を積むことが自信や社会性を育むということです。**

◇レッツ　家事！

やり方が決まっている、やることや成果を目で見て確認しやすい、物や道具を使う、毎日見せることができる、ありがとうと言われる。

一緒に家事をやり遂げれば「綺麗になった！」と喜びを分かち合うこともできます。指示も視覚的に教えやすいですし、音声の指示もしやすい。まねっこ行動も刺激しやすい。子どもたちにとって家事は学びやすい行動です。

家事を学ぶ中で必要なことばを覚えることもできます。

毎日、家事を目にしているので子どもは大人は教える人、子どもは教わる人という関係性を自然に理解しており、よく言うことをきいて学ぼうとします。

そして、家事に含まれる動作ができるようになることは、即、生活能力の向上に結びつきます。

子どもが家事をすることは、いいことだらけです。

干しあがった洗濯物をポーンと投げてそれを子どもがキャッチする、掃除機のスイッチオン、ジュースを注ぐ、テーブルを拭く、使ったお皿を洗い場に置きに行く、食器洗剤をスポンジに含ませて泡立たせる……。危険なことだけはしないように気をつけながら、どんどん家事をやってもらうことは子どもの成長には絶対によいことです。

家族と同じことができた、褒められた、喜ばれたということを子ども自身が喜びに感じる経験は、家庭や社会で生きていくための大切な経験です。生きる力になります。

最初は毎日の家事を見せようと努力するだけで結構です。

そして、子どもが少しでも興味をもったことがあれば、邪魔されるだけだと思わず、根気強く少しずつやらせてみてください。

ただし、家事がいいからと無理強いは禁物。子どもがやりたいな、楽しいなと思うことが一番大切なのは遊びと同じです。

まとめ

1 「訓練」より遊びを！　遊びには、安心感、自由、楽しさが必要

2 ガイドに徹して子どもの楽しさを拡げるように遊びを拡げる

3 子どもの発達段階・発達特性・趣味嗜好に応じた遊びを提案する

4 止めさせるこだわりは、時間やお金がかかる、安全・参加を脅かすもの

5 「実況中継」と気持ちの言語化でことばがけを

6 遊びの「終わり」「始まり」をわかりやすく伝える

7 ことばよりも、見える形、視覚的な手段で伝える

8 家事を一緒にやろう

第5章

ポイント5

どうやって助けてあげたらいいの？

援助することで自尊心を育てる・子どもに親切に、そして信頼を育む

剛さんと理恵さんは注意欠陥多動症をもつ小学校2年生の健くんのお父さんとお母さんです。今日は健君をおじいちゃんおばあちゃんに預け、2人で植松努氏による『思いは招く』という演題の講演会を聞きに来ました。

植松氏は、北海道の赤土市で宇宙開発事業を手がける民間企業の専務取締役です。

植松氏は、ロケットを作るという小さいころからの夢をさまざまな学歴の20人足らずの社員と共に実現しました。周囲からは「どうせ無理」「できないできない」「どれだけお金がかかると思っているんだ」とさんざん言われたそうです。

普通なら諦めてしまうところを植松氏は頑張りぬいて、数年後にロケット開発を成功させたのです。決して潤沢な資金があったわけではなく、事業も経営も紆余曲折あったけれどそれを乗り越えて、現在も精力的に宇宙開発事業を展開しています。

「どうせ無理」は人の可能性を奪う恐ろしいことば。

自信がない人は自信をお金で買う、偉そうにする、人を馬鹿にする、努力を馬鹿にする。

「どうせ無理」をこの世からなくしたい。

「どうせ無理」ではなく、「だったらこうしてみたら？」と言ってあげたい。
人がやらないことをやるのだから失敗はつきもの。
失敗したら、もう無理ではなく、ただいま成長中と言おう。
諦めるために生まれてきたわけではない。
自分なんてと思わない人が世界を変える。
できない理由を考えない。できる方法を考える。
だったらこうしてみたらを世界で拡げたい。

植松氏の穏やかな口調を聞きながら、剛さんは健君が生まれて以来、パタリとやめてしまった山登りを思いました。理恵さんは、健君には無理だろうと参加をあきらめた親子キャンプのことを考えていました。

「どうせ無理」は可能性を奪うことば。

「健と一緒に山頂で日の出が見たい」
「健ちゃんのお友だちと一緒にキャンプファイヤーを囲みたい」

できない理由を考えない。できる方法を考える。

「世界のことに思いを向けることはできないけれど、自分の『どうせ無理』を変えてみよう」剛さんは思いました。

「よ〜し！ 時間はかかるかもしれないけど、どうしたらキャンプに行けるか考えよう」理恵さんは思いました。

「健に望みがあったら、『どうせ無理』って言わないぞ」

「健ちゃんがボクには無理って言うようなら、『こうしてみたら』って言ってあげよう」壇上の植松氏に心からの拍手を送りながら、剛さんと理恵さんは強くそう思いました。

参照　植松努講演会in山梨（2015年5月17日）資料

①「ヘルプ ミー！」——援助することの意味

◇援助によって子どもの願いを叶える

植松さんの講演を聞いて剛さん理恵さんのご夫婦は、「健君の望みに無理って言わずにそれが叶う方法を考えよう」と思いました。健君の願いはなんでしょう？

子どもの願い、それは、第2章でお話ししたように「尊重されたい、安心したい、信頼できる人に出会いたい、有能でありたい、楽しみたい、人とつながりたい」ということです。しかし、子どもひとりでは願いは叶えられないことが多いのです。

でも、お父さんお母さん、周りの人が援助してあげることで子どもの願いが叶うことはたくさんあります。

「持っている車を全部1列に並べたい」「積み木を高く、高く、積み上げたい」

「お母さんみたいにお料理を作ってみたい」「ありがとうって言ってもらいたい」

「この大好きな「モノ」の名前を言いたい」「好きなお料理を自分で注文したい」……

どれも子どもがボクらしく、ワタシらしく生きるために、やりたいと願っていること、子どもの「小さな夢」、でもひとりでは叶えられないでいる「小さな夢」です。

ひとりでは達成できなくても誰かが助けてくれたら、叶うかもしれないのです。

だから、援助してあげましょう。

この章では「援助」することの意味、どうやって援助したらいいかと、子どもからの援助要請行動についてお話しします。

◇「トレーニング」より「援助」を

発達障害のある子に対する専門的対応を行う、いわゆる「療育」では、これまでは、大人が「これをできるようにさせたい」と考えることを子どもにトレーニングして教え込んで能力を高めることをめざしました。何がいいか、何が役に立つのか、どうしたらいいかを大人が知っていて、それを子どもに教えるという構図です。

これに対して近頃では、トレーニングではなく「援助」しようという考え方が出てきました。**「子どもが何をしたいか」を大事にして、大人は「子どもがしたいこと」ができるように助けてあげようという考え方です。**

子どもの願い、したいことは何かを知り、その願いが叶うためにはどうしたらいいかを周りの大人が考え、環境を整え、できるようになるために工夫する。そして子どもに「こうしたらいいよ」と提案してあげよう。

それが「援助する」ということです。

◇「援助する」ことで自尊心を育む

「援助」は発達障害のある子の自尊心を育むことにつながります。

自尊心は「自分は価値ある存在だ」と認識することであり、それはさまざまな場面で成功したという実感をもつことによって育まれます。

しかし発達障害のある子は褒められることがあまりなく、自分を認めることができる経験や成功体験も乏しい（第2章④）。そのため自尊心が育ちにくいのです。

それならば、成功するよう「援助」すればいい。

援助すればできるなら、援助して成功体験を積めばいいのです。

子どもたちに援助を受けながら成功し、成功した実感を感じる、褒められる、そういう機会をたくさん作ってあげたい。

成功を重ねて自尊心が育つことでやってみようという気持ちが生まれ、それが成長の基礎になります。

②どのように援助するか
――どういうときに？　どうやって？

◇どういうときに援助するか？――子どもが望むなら援助する

援助するのはどういうときでしょう？　子どもが助けてほしいといったらいつでも助けちゃっていいの？　気になるところです。

この点について、私は子どもが助けてほしいならいつでも助けていいと思っています。

基本的に発達障害のある子は毎日、かなりのストレスを感じながら生きています。私も時々、この子たちも本当に大変だよなあという気持ちになることがあります。感覚調整障害があり、私たちが実感できない辛さを感じる、生来の特性でものごとがうまくいかない、さらにハンバーグを落としちゃった唐史郎君みたいに、うまくいかなくて悲しいのに、その上怒られちゃうわけですから、そのストレスは大きいはずです。

だから、できるだけ穏やかに生活させてあげたい。
「頑張れ、頑張れ」と緊張の中に暮らし続ける経験や「嫌だよ！」っていう思いをできるだけさせたくないと思うのです。

何より、頑張りたいところでは子どもは自然と頑張ります。

やろうとすれば自分でできることもあるでしょうが、子どもが頑張ろうとしないところを無理に頑張らせることにはこだわらないでいいと思います。

基本的には子どもが望むなら援助してあげる。

援助してあげて、日常のさまざまなことをクリアしていけばよいと私は思っています。

それに、発達障害のある子はその特性から、いくら頑張っても何回やっても、なかなかできないことも多いのです。

それならば、できないことを、嫌がるのに何度も何度もさせて、そこで時間やエネルギーを費やすよりも、人を頼って成功して自信をつけ、意欲的に生活していった方がずっといいのではないでしょうか？

「助けられるばかりだと、いつも助けを求める弱い子になるんじゃないの?」

そんな心配もあるかもしれません。

弱くってもいいじゃないですか?

人間は基本的に弱いものです。

弱いから助け合ってどうにか生きているし、だから感謝できる。実際、私たちも多くの場面でたくさんの人の援助を受けて暮らしています。

弱い人がいたら助ける。自分の弱いところは助けてもらう。私はそれがいいなと思っています。

それに周りがどんなに子どもを援助してあげようとしても周囲が助けることができないこと、何としても子どもが自分だけで頑張るしかないところ、というのはあるのです。

例えば入園・入学や就労で新しい環境に適応していく場面、何かの発表などの場面。こういう場面では子どもは、自分ひとりで頑張って乗り切るしかないのです。

いつもいつも頑張っていたら、自分で頑張るしかないときに踏ん張るエネルギーがなくなってしまいます。

いざというときにしっかり踏ん張れるようにするためにも、助けてあげられるところは助けてあげたいと思うのです。

◇どうやって援助するか

では、具体的にどういうときに「援助」したらいいのでしょう。

子どものしたいことをできるように援助しましょうというのですから、まず、子どもが何をしたいかを知ることが必要です。

しかし、何をしたいかをことばで言える子ばかりではありません。

子どもとの関わりの中で汲み取っていくしかありません。「見て聞いて観察して」理解しましょう。

したいことがわかってきたら、助けてほしい、教えてほしいという部分はどこか、どのくらい手伝ってほしいのか見ていきます。

援助するのは、基本的には本人が助けてもらいたいところです。

子どもの中には、助けようと思って手を出すと怒ったり、出さなかったら出さなかったで怒ったりして、こちらとしては「どうしろと？」と言いたくなることもあります。

そのような場合はちょっと引いて、まずは、子どもが今やろうとしていることに集中できるよう、安心できる環境、気が散らない環境を整えることをします。

手伝ってほしいかどうかわからない場合は、おもちゃや物（例えば靴下など）を、子どもの前にそっと置いてみてください。

自分で手を出してやり始めたら自分でやりたいんだと判断して、子どもにやってもらう。やらなかったら、大人がやり方をしっかり見せる。

それでも自分でやろうとしないようだったら、援助してほしいと判断します。

援助するときには、子どもがやりたくてでもできないでいる行動を細かく分割して見ます。そしてどこをどう助けたらいいか考えます。

ひとつのコツが、最後のプロセス、これをやればもう完成、大成功という最後の最後のプロセスを子どもにやってもらう、という方法です。

最後をやると達成感がありますからね。最初から最後まで全部やったわけではなくてもフィニッシュをやると、「ワタシがやった!!」と思えるのです。

例えばこんな風です。


いつも最後まで食事を自分で食べることができないあやかちゃん。食事の途中から遊んでしまって、いつもお母さんに怒られます。

でも今日はちょっと違いました。お母さんが途中まで食べさせてくれたのです。

あやかちゃんは途中でお母さんからスプーンを受け取って、オムライスの残り3分の1と最後のプチトマト1個を自分で食べました。完食です。

「最後まで座って食べられたね。お皿、ピッカピカだよ。嬉しいなぁ」

お母さんが褒めてくれました。あやかちゃんも嬉しくなりました。


お母さんはあやかちゃんが最後のフィニッシュをするようにもっていきました。これだと最初にあやかちゃんが自分で食べて、途中で遊びだしたらお母さんに変わって最後まで食べさせるより、あやかちゃんは気持ちがいいですよね。

大人はよく、やろうとしたことが失敗したら最初からもう一度させるということをします。ちゃんと成し遂げさせてやろうという気持ちなのでしょうが、それだとフィニッシュまでのプロセスが多すぎて、どこかで失敗して結局達成できない、ということになりがちです。それでは成功体験ができません。

◇失敗するって怖い

失敗することがとても苦痛な子どもは少なくありません。1回の失敗の負荷が強すぎると失敗するかもしれないことはやろうとしなくなります。

しかしできないからやらない、できることしかやらないのでは、発達障害のある子はやることが極端に少なくなってしまいます。

だからこそ「援助を受けながら成功する」ことが大事なのです。

大部分を援助されながら自分も少しずつ参加して、さまざまな経験をする。そして成功したという達成感を感じる。援助を受けながらであっても、さまざまな経験をする中で子どもは新しいことを学びます。

援助、援助、援助、援助、援助、最後少し自分でやるという感じです。

そして少しずつ最後の自分でやる部分を増やしていくといいと思います。

観察してみて、どうも「今、ボク助けてほしくはないの。自分でやりたいの」と思っているな、という場合はうまくやるための方法を伝えてあげます。

そのときは伝え方を工夫します。

直接、手を取って教えるのか、やり方を見せながら教えるのか、イラストで教えるのか、ことばで教えるのか、など、
子どもがわかる方法で伝えてあげましょう。


子どもによっては自分でやりたいと言いながら、やってもうまくいかないと癇癪《かんしゃく》を起こすこともよくあることです。そういうときは根気強く方法を見直し、また、その子に伝わる伝え方を工夫してあげてください。

亜理紗ちゃんの例をみてみましょう。

塗り絵が大好きな亜理紗ちゃん。でも少しでも枠からはみ出てしまうと奇声をあげて塗り絵の紙を破ってしまいます。

お母さんは亜理紗ちゃんに、はみ出ずに綺麗に塗る方法を見せることにしました。

「まず枠をゆっくり塗りま～す」

亜理紗ちゃんはお母さんが塗る様子をじっと見ます。

「次に枠の中をゆっくり、ゆっくり、小さく、小さく塗りま～す」

枠からちっともはみださずに綺麗なチューリップの赤い花が塗れました。

亜理紗ちゃんはお母さんが塗ったチューリップの隣のチューリップを塗り始めました。

「まず……、枠をゆっくり塗って……」亜理紗ちゃんは、さっきのお母さんのことばを繰り返しながら枠を塗り、「枠の中をゆっくりゆっくり、小さく……」枠の中を塗りました。

亜理紗ちゃんも枠からちっともはみださないで、綺麗なピンクのチューリップを塗ることができました。

子どもがやりたいことは、子どもの「小さな夢」です。それを実現する方法をわかりやすく教えてあげてください。

③ 援助要請の力を育てる

1 子どもからの援助要請

◇「援助してもらってよかった」が援助要請の力につながる

ここまでのところは、大人が子どもを「見て聞いて観察して」理解して「援助」しようという話でした。しかし、もし、子ども自身から周囲に対して何をどう援助してほしいかを伝える（＝援助要請）ことができれば、もっといいですね。

特に、子どもが成長して社会に出て、保護者や子どもをよく知る人以外の人と関わりながら生きていくときには、きちんと援助要請ができることはとても大切です。

援助要請の力を養う基本は、「援助してもらったらうまくいった」「援助してもらってよかった」という経験をすることです。「援助してもらってよかった」と実感すると、「助けてもらって望みを叶えよう」と援助要請をするモチベーションになります。

ですからまずは、保護者と周囲の大人が上手に援助して、子どものしたいことをやれるようにする機会をできるだけたくさん作ってあげてほしいのです。

◇援助要請の2つの機能——要求と拒否・否定

ところで、援助要請には、要求「〜してください」と拒否・否定「〜しないでください」「〜は嫌です」の2つの機能があります。

特に、拒否・否定の機能をもつ表現はとても大切です。

拒否・否定表現というとどういうことが思い浮かびますか。

嫌だと言う、しようとしない、物を投げつける、奇声をあげる、床にひっくり返って手足をジタバタさせる。やたら走り回ることが否定表現であることもあります。相手に唾を吐きかける、首を絞める、自傷する、他害することもあります。

第4章の翔君はミニカーをつかんだお父さんの腕に思いっきり噛みつきました。

2 拒否・否定の表現を大事に育てる

◇拒否・否定表現が不安の現れである場合

まず気をつけていただきたいのは、「拒否・否定の表現が子どもの不安や恐怖心の現れであることがある」ということです。

感覚過敏があったり、わからないことがある、行うことが不安だったりするときに、物を投げたり、奇声をあげたりしてその不安を表現するのです。

ですから子どもに拒否・否定の表現が見られたら、それが不安や怖いという気持ちの現れではないかということは考えてみてください。もしそうなら、不安な原因、怖がっている原因を取り除いてあげてください。

◇イヤといえることは大事

嫌なことをちゃんと嫌と言えることは、私たちにとっても大事な社会的スキルですが、

発達障害のある子にとっては、自分の嫌なことをきちんとイヤと伝えられることは特に大事です。

発達障害のある子には感覚過敏などの特性があるので、本人は苦痛を感じているけれど周りの人がそのことに全く気付かない、想像もできないことがよくあります。

そのようなときに「私は嫌です」ときちんと伝えることができれば、苦痛な状態を変えられます。

◇拒否・否定表現が表現への意欲を高める

さらに、拒否・否定表現によって子どもは「表現すると周囲の環境をコントロールできる」ことを実感できます。

どういうことかというと、拒否・否定表現で示される子どもの要求内容は「嫌」とか「やめてほしい」など単純ではっきりしているので、人に伝わりやすい。

そして要求内容が明確である分、子どもの要求が実現しやすいのです。

例えば、子どもが「この服は嫌だ」と表現したらお母さんが違う洋服に着替えさせてくれた。すると子どもは、「表現したから嫌なことを取り除くことができた」という経験をすることになります。

つまり、要求が単純で明確な拒否・否定的表現を使うことを通じて子どもは、「表現すると自分の周囲の環境をコントロールできる」ことを実感します。

それは拒否・否定表現だけでなく、「表現すること」一般への意欲につながります。発達障害のある子がことばを獲得していく上でとても大事なことです。

その意味でも、拒否・否定の表現は大切な表現なのです。

ですから是非、身につけさせてあげたい。

これからお話しすることを参考にしていただいて、周囲に受け入れられ、本人も楽な方法で拒否・否定を伝えられる方法を是非、みつけていきましょう。

◇拒否・否定の表現を「育てる」
——周りを困らせる拒否・否定表現からの脱却を

拒否・否定の表現は大事ですが、表現そのものが激しいと周りは困ってしまいます。とてつもない奇声をあげたり、翔ちゃんみたいに噛みついたりなどですね。

そのような場合は、今は奇声でしか表せない拒否や否定の気持ちを、もっと別の表現、子ども自身も楽で、周囲の人も受け入れやすい表現で示せるようにしていくことを考えましょう。拒否・否定の表現を「育てる」のです。

まずは、体の大きな動きで表現できないか、試してみましょう。いやいやと首を振る動作なのか、両手で大きく×印を作るのか。子どもの状態によっては、首を振るという動きでの表現ではなくて、静止していて視覚的にとらえやすい両手で×がよい場合もあります

3 援助要請の表現方法——楽チンな表現方法を探る

では「助けてほしい」「教えてほしい」「手伝ってほしい」という要求の援助依頼の表現についてはどんなことに気をつけたらいいでしょう?

ポイントは、「本人にとってストレスなく使える方法」であることです。

そもそも「お願い」と援助要請をするということ自体が、子どもにとってかなりのストレスです。ですから、表現方法は本人にとって楽な方法がいいのです。

例えば、手伝ってという意味を表すイラストを相手に差し出したり、両手を合わせてお願いのポーズをする、お母さんの服の袖を引くなど、楽な方法を探してください。

話せる子どもでも、ことばでお願いとか手伝ってとか言うよりも、このような方法の方が楽に援助要請できることも多くあります。

大人としては、話せるのなら口で「お願い」「助けて」「〜して」「教えて」って言ってくれればいいのに、と思うかもしれませんが、ここはことばで依頼することにこだわらずに子どもが楽な方法にしてあげてほしいと思います。

4 感情とことばをつなげる

◇感情をことばで表せることの意味

ところで、子どもの中には、自分が何かをうまくできない、思ったようにいかなかった、失敗してしまったなどのいわゆる困った状態を「困った」という感覚として自覚できない子どもがいます。

「困ったら困ったと言おうね」と言っても、どういう状態が困ったということなのかを自覚できなければ、援助要請をしようということにはなりません。

「困った」状態を困っているという感覚として自覚するには、困っている状態と「困った」ということばが結びつけられることが必要です。しかし、発達障害のある子、特に、自閉スペクトラム症の子どもは「困った」に限らず、「感情とことばを結びつける」ことが苦手な子どもが多いのです。

しかし、そのままの状態だとその感情や状況に自分自身で対処することができません。また、その感情や状況をことばで他の人に伝えて援助してもらうことができません。ですから、子どもが自分の状態や感情をことばと結びつけられるようにしてあげたいのです。

◇感情とことばを結びつけるために

そのためには、子どもが示すさまざまな行動から気持ちを推察し、それを言語化してあげてください。「困っているね」「イライラするね」「ドキドキするね」「怖いね」などです。

例えば、子どもが困っていそうなときに「困ってるね」と言ってあげることで本人が自分の状態と「困る」ということばを結びつけられるようにするのです。

子どもによっては、ドキドキしてるね、身体が熱くなるね、などということばがけをして、自分の身体状態と「困る」ということばを結びつけられるようにしていくこともあります。

同時に、それぞれの感情に応じた対処法もセットで伝えてあげたいです。

「困っているね」↓「どこを手伝ってもらいたい？」

「イライラするね」↓「1回お外に出るか」

「ドキドキするね」↓「ゆっくり深呼吸をしてみよう」

感情とことばが結びつくまでには時間がかかりますが、このような力も根気強く育ててあげたいと思います。

5 援助要請の力を育てよう！

援助要請ができるようになることで、子どもは援助を受けながら自分のしたいことをしたり、嫌なことを拒否できるようになります。そして子どもの生活、子どもの楽しみは拡がっていきます。

援助要請がスムーズにできるようになるには時間がかかりますが、子どもが意欲的に生活していくために、是非、身につけさせてあげたい。

そのために、保護者にこの章でお話ししたようなことを意識して生活してください。

さらに、保護者だけでなく周りの方にも援助していただいて、子どもが援助を受けながら自分の望みを叶えられる場面が増えればいいなと思います。

④ 「援助」で「親切」にする

子どもは「心地よさを感じたい」と思っています。心地よさを感じるとき、子どもは**「自分は尊重されている」と感じます。だから、その気持ちを満たしてあげたいのです。**

例えばお母さんがにっこり微笑んで子どもをギュウッと抱きしめた。子どもは、お母さんの愛情表現に満足して心地よさを感じることでしょう。

しかし、発達障害のある子、特に自閉スペクトラム症の子どもの場合、感情を通した関わりの意味がわからなかったり、混乱したり、不快に思ったりすることも少なくありません。親が愛情をこめたハグをしてもそれが子どもには「心地よくない」「迷惑だ」

ということがあるのです。

そのような子どもたちは、どういうことをしてあげれば「心地よさ」を感じるのでしょう？

この点、間違いがないのが、「子どもがやりたいことを『援助』してあげること」すなわち、子どもに「親切」にしてあげることです。それは常に、「子どもの」したい、ほしい、こうありたいを叶えるものですから、それをされて迷惑ということはありません。

子どものしてほしいことを感じ取り、それを助けてあげる、親切にしてあげる。

親切にしてくれていると感じるとき、子どもは尊重され、心地よい時間を提供されている、自分をわかってもらえている、と感じます。

「援助」は十分な愛情表現です。

その意味でもたくさん援助してあげてほしいのです。

まとめ

1 子どもが求めることばをかけてあげたり、求める援助をする

2 求められたら援助する

3 苦手なことは人を頼って成功する方が、より自信がつく

4 自尊感情を育てる援助のコツは、援助、援助、援助、最後少し自分で！

5 要求、拒否・否定表現を機能とする援助要請行動を育てる

6 「困った」ということばの理解と対処方法を学ぶ

7 情動的関わりが苦手な子どもでも親切にされることを望んでいる

8 子どもに親切にしよう

第6章

ポイント⑥

コミュニケーションのコツ まだあるの？

アイコンタクト、真似、伝え方のコツ、オノマトペ、選択・交渉・合意

①「目を見なさい！」と言わないで

——アイコンタクトを強要しない

◇人はなぜ目を見るか

人間が目を見るのは、それがコミュニケーションに役立つと知っているからです。目を見ると、視線から相手が考えていることや感情が読み取れます。それはコミュニケーションの情報源になります。また、目を見ること自体が「私はあなたに関心がありま す」ということを伝えるコミュニケーションになります。

◇発達障害のある子にとっての視線

ところで、発達障害のある子の場合、「子どもと視線が合わない」ということがあります。

その理由はいろいろ考えられます。

まず、そもそも人の「視線」がどんなものかわからなくて視線を見ることができないという場合、逆に視線を刺激として強く感じすぎてしまって目を見るのが嫌だという場合もあります。

目ではないところ、例えば口なんかの動いているところにどうしても目がいってしまって、その結果、目を見ないということもあります。

うまくコミュニケーションが取れなくて、人との信頼関係をなかなか築けていないから目を見るのが恐いとか、恥ずかしい、ということもあります。また、相手の視線から意図を読み取るシステムがうまく働かないために目を見ても何もわからないので、特に視線を追おうという気持ちにならない、ということも考えられます。

このように子どもには目を合わせられない理由があります。ですから目を合わせることをあまり強制しないでください。

◇発達障害のある子も好きな物はじっと見る

ただ、目が合わない子どもでも好きな物はじっと見ます。

好きな人、必要な人も「じいっ」と見るようになることも多いです。

もし、子どもがあなたを「じいっ」と見てくれたら、そして視線が合ったら嬉しいですよね。

それには、この本でお伝えしているように、子どもが安心するようなこと、喜ぶこと、楽しめることをどんどんやってあげてください。もし、子どもがあなたに視線を送ってきたら、笑顔で応えてあげてください。

また、子どもが何かを「じっ」と見たら、「じっと見ているね」「よく気がついたね」と子どもの「見る行動」を認めてあげてください。このようなことを繰り返すことで子どもは「自分がみつめると、お母さんが微笑んでくれる。うれしいな」「じっと見ると褒められるんだ。いいことなんだ」と感じるようになります。

「見る」ことの価値を知ることが、子どもに「見る」という行動をうながすのです。

② たくさん真似っこをしよう

◇「動作模倣」と「操作模倣」

真似っこ、模倣には、「動作模倣」と「操作摸倣」とがあります。

「動作模倣」はお遊戯やリズム体操など、それ自体には意味のない動きの真似、「操作摸倣」は道具を使って何かをすることの真似という感じです。

自閉スペクトラム症の子どもは「操作模倣」はできるが、「動作模倣」が苦手なことが多いです。

リトミック教室に子どもを通わせたら、子どもがギャーギャー泣いて大変だったという話をよく耳にしますが、子どもにしてみたら、例えば感覚過敏があって大音量の音楽が嫌いだし、「動作模倣」が苦手なのにそれを楽しめって言っても無理だよお母さん、ということなのです。

◇真似して学ぶ

人は遊びも行動もことばもエチケットも人を真似することで学びます。**自閉スペクトラム症の子どもは「操作模倣」ではできることが多くありますから、「操作模倣」をたくさんして、どんどんいろんなことを学んでいけばよいのです。**

自閉スペクトラム症の子どもが真似をするのは、興味や関心があったり、相手がやっていることの意味がわかる行動です。なので、子どもの側に興味関心がなければ何かを見せて真似してごらん！と言ってもむずかしいのです。

本人の興味をよく見て、興味をもっていそうな家事やおもちゃなどで、子どもがたくさん真似をできるようにもっていってあげてください。

◇逆模倣

子どもの行動を大人が真似すると（逆模倣と言います）、子どもが真似した大人の方にふっと意識を向けることがあります。**人への関心が薄い子どもの行動を「逆模倣」することで、真似する人への意識や周りの人の行動への関心が生まれるのを期待したいの**

です。例えば子どもが「マンマンマン」と発音していたら、それを真似てみてください。

③「うん！ わかる！」をめざす
――子どもにとってわかりやすい伝え方

◇短いことばで伝える

子どもにわかりやすく伝えるポイントはまず「シンプルに短く」です。

例えば、ことばが十分でない子どもと一緒に「はたらく車」の本を見ているとしましょう。大人は子どもにいろんなことばを覚えてほしいと思って「消防車、赤いね。火事のときに出動するのよ」と一生懸命話しかけます。

しかし、これだとことばが多すぎます。「消防車」「パトカー」「救急車」のように、1単語で話しかけてあげた方がいいのです。私たちも英語をベラベラ話されてもわかりませんが、ＥＡＴと単語で言われると「食べる？　夕食食べるって聞いてる？」ってわかります。

情報が少ないと安心します。聞こうとします。考えられます。

◇具体的に話す

発達障害のある子は、ことばの裏にある事情やあいまいなニュアンスが理解できません。

なので、「ちゃんとする」「きれいにする」「ちょっと待つ」などの抽象的な言い方は避けて、できるだけ具体的に言います。

「ちゃんとしなさいではなく……」→「ごみをここに捨てます」

「ちょっと待ってではなく……」→「5数えるまで待って」

否定形ではなく、肯定的な表現で話すことも大事です。否定だけだと、じゃあどうしたらいいかがわからないからです。

「走らない！」→「歩きます」

子どもに何かやってほしいときも、わかりやすく、シンプルに。

「丁寧に」とか感謝の気持ちを入れるなど、ニュアンスを付け加えると子どもは混乱します。

「ごみを捨ててくれると嬉しいんだけど、捨ててくれる?」→「ごみを捨てます」お手伝いしてくれて嬉しい気持ちは、子どもがゴミを捨てた後、「捨ててくれてありがとう! 嬉しいな」と言って伝えましょう。

◇目で確認できるように伝える

何かを伝えるとき、一番便利なのは口頭で伝えることです。しかし、そうやって耳から入る情報はすぐに消えてしまいます。でも、写真や絵やイラストなどの目から入る情報は見ている限り消えない。何度でも確認できる。

そのため、音声で伝えるより目で見える形で伝えた方がわかる子どもはたくさんいます。**子どもによくわかるよう、できるだけ目で確認できる形で伝えることは大切です。**

◇時間の流れを目で見える形で伝える

私たちはごく普通に複数の作業を同時にこなしています。大根を煮ながら洗濯ものを干し、掃除機をかけるという具合です。しかし、発達障害のある子はそれだと混乱してしまうので、**やることや1日の流れを時間の流れに沿って1本の線で示してあげましょ**

う。

お着替えをする→歯磨きをする→朝ごはんを食べる→幼稚園のカバンを取ってくる、という感じです。

基本は「AをやってからB」を理解することです。

これには前提として、子どもがAとBの2つの情報を頭に入れることができることと、AしてからBをやるという「順序」がわかる力があることが必要です。その力があるならば、「AしてからBをやる」ことを子どもにわかるように示すことを考えます。

例えば、遊びの時間の終わりが近づいてきたら次は歯磨きだよって、歯ブラシの絵を見せるなどです。

実物でも写真でも身振りでもいいです。子どもがわかる方法で伝えてあげてください。

ところで、第2章の准君を思い出してください。

お母さんは「准君ご飯よ。お片付けするわよ」と言っていますが、准君にはその意味がわかっていない。片付けしたら「次に」ご飯ということが理解できてない。だから准君は混乱して嫌な気持ちになって、「火がついたように泣き出し」「ミニカーを放り投げて怒った」わけです。

でも順序があることがわかって次の見通しがわかれば、「あっそうか、次はご飯なんだね」とすんなりと片付けに移ることができる可能性があるわけです。

次に何があるかがわからないと子どもは、新しい活動への参加拒否をしがちです。それは子どもたちの経験を狭めてしまうことにつながります。

その意味でも、これをしたらこれ、ということを理解させてあげたいと思います。

◇「次はこれね」とわかっているのに、次のことをやらないときは

「次はこれね」とわかるようになっても、それでもやっぱり大騒ぎになることはあります。今やっていることをやめたくなかったり、やめることが悲しくなったりすることが考えられます。私だってそうです。集中して本を読んでいるときに「ご飯だから早く来て！」って言われると「ううううう」ってなります。

そういうときは、例えば、「遊びをやめて夕食」でしたら、「悲しいね」と子どもの感情をことばにしてあげる。そして、「明日またできるよ！」と、いつできるか見通しを伝えます。そして、「一緒に片付けよう！」と言って、大人がおもちゃをどんどん片付けて、少しだけ子どもにも片付けてもらいます。

そして片付けができたら、できたーって一緒に喜んでください。

●本人の気持ちの言語化
●子どもがやりたいことが次いつできるのかの明示
●切り替えを協力して行う

④ 元気モリモリ——オノマトペとことばの威力

◇オノマトペは便利！

ページをめくる音を「ペラッ、ペラッ」と表現する。この「ペラッ、ペラッ」のような音をオノマトペといいます。

このオノマトペ、子どもへのことばがけの方法として活用できます。

オノマトペを使うと何かの音や動き、状態・感覚や内的状態を、長い説明なしで、はっきりわかりやすく表すことができます。

例えば、「ソロリ、ソロリ」と言うと「音を立てずに、ゆっくり、静かに」「慎重に」

などを表現できますよね。

またオノマトペは、身体の動きやジェスチャーとも同期しやすいので、オノマトペを上手に使うと動作の成功率が上がる、とも言われています。

子どもでも、身体の動きのコントロールが難しくてそのために物の扱いが乱暴な子でも、やり方を見せながら、「そぉーっと」と言うと、大体、慎重な動きに変わっていきます。「乱暴にしないのよ」「壊さないようにね」より「そおーっと」が伝わるのです。

伝えたいことがシンプルに伝わるし、リズミカルで楽しい。

オノマトペってなかなかよいのです。なんか恥ずかしいなぁとか思わずに、皆さんどんどん、オノマトペを使って話しかけてあげてください。

毎日コツコツ使っていくと、ジワジワと子どもにも理解できるようになり、子どももことばを話してみたいなぁという感情がムクムクッと盛り上がってくるかもしれません。

そうなってきたよって聞いたら私はウルウルしちゃいます。

◇オノマトペで感情や困った状態を表す

第5章で、発達障害のある子は感情とことばをなかなか結びつけられず、そのため感情に対処したり、援助を求めにくいという話をしました（第5章③4）。

勘がいい方はお気付きかもしれません。

そうです！

感情などをオノマトペで表すことができるのです。

例えば、予想と違うことが起こったときに「ガーン」「シクシク」「ドキドキ」「カッカ」など。感情や困ったという状態などとオノマトペを結びつけられると、子どもは自分の感情を表現できるようになります。

ガーンと子どもが感じているであろう状態のときに、「ガーンだね」と言って抱きしめてあげるとします。そうすると子どもは、「そうか、想像通りでないときはガーンと言うのだ」ということを学びます。そして次に同じようなことがあったとき「ガーン」と言うかもしれません。

その一言で「思った通りにならなかった。自分はとても悲しい」という複雑な内容を表現できます。オノマトペによって子どもの表現は豊かになるのです。

5 選ぶ（選択）行動の意義
――ど・れ・に・し・よ・う・か・な！

1 選択することの意義

◇選択は人生そのもの

私は、選択は人生そのものだと思います。人生否が応でも選択の連続ですし、何を選ぶかは、まさに「その人らしさ」です。

しかし大人はどうしても、大人の選択を子どもに押しつけがちです。

けれど、子ども自身が選択するということには、いろいろな意義があるのです。

◇選択行動の意義①——子どもの好き嫌いを知る

選択させると子どもの好き嫌いがわかります。何が好きで何が嫌いかはその人らしさの一部です。子どもの好き嫌いを知ることは、その子らしさを知ることなのです。だから選択機会における子どもの選択行動を通じて、その子の好き嫌いをたくさん知ってください。

「これがいい」と子どもがまだことばで言えない場合には、子どもの行動から好き嫌いを判断します。

じっと見る物や触ろうとする物、手から取り上げようとすると怒る物、活動時間が長い物、1回手放してもまたやろうとする物、探す物。そういう物がその子が好きな物です。**好きな物や興味がある物に対しては、人は何かしらの行動を起こすのです。**

表情も手がかりです。しかし自閉スペクトラム症の子どもの場合、感情が表情に出ないことも多く、表情で好き嫌いを判断することが難しいことがあります。

ことばがわかって、「はい」とか「いいえ」が言えるようになると、「これ好き?」と聞くことができるようになります。

ただし、はい、いいえという子どもの答えには、注意が必要です。

「はーい」と返事とすると褒められるように育てられてしまうと自分の意志と関係なく「はーい」と返事するようになってしまうこともあります。子どもの「はい」が本当の「はい」なのか、しつけられた故の「はい」なのか、は見極めなくてはなりません。

ここでの話からは少し脇道にそれますが、そのような「聞きわけのいいよい子」に育てようとすると子どもは自分らしさを生きたり、弱音を吐くことができなくなります。

それは子どもにとっては大変に辛いことです。決してあってはあってはいけないことだと私は思っています。

◇選択行動の意義②――子どもの自尊心を育み、自己効力感を高める

選択させると子どもは、「ボクの意見をきいてくれた」「私の意見は尊重された」と思い、自尊心をもちます。

選択行動をとれば自分は人や世の中に対してきちんと主張ができ、影響を与えることができるという自己効力感を得ることができます。

自尊心も自己効力感もいずれも人にとって大切なものですが、発達障害のある子がそれを獲得することが難しいものでもあります。

選択行動をとる経験は、周囲が子どもの好き嫌いを知って子どもを理解することにつながり、子どもが自分にとって快適な環境を整え、自尊心や自己効力感を高めることにつながります。

だから子どもに自分で選ぶ場面（＝選択場面）を作ってあげて（＝選択機会）、自分で選ぶ（＝選択行動）ことをさせてあげたいのです。

2 どうやって選択機会を作るか

◇選択の対象となるのはどんなことか？

家事や服や料理や人や場所や遊びの長さや順番など、これはもう、ありとあらゆるものが選択の対象です。

「どんなお手伝いをするか？」「どの服にするか？」「どのおもちゃで遊ぶか？」「誰とお風呂に入るか？」「歯磨きとお着替えとどっちを先にするか？」などなど。

その子の興味に応じて、成長に応じて、いろいろな物、いろいろな事柄を選ぶ選択場面を作ってあげてください。そうするとその子が何が好きで何が嫌いかがどんどんわかってきます。

そのうち、「あ！　きっとこの子はこれを選ぶぞ」と予想がつくようになるかもしれません。予想が外れるのもまたよし。それは子どもの「変化」の結果かもしれません。

選択行動を見ることは子どもの変化に気付く契機にもなり得ます。

◇どうやって子どもに選ばせるの？

選択機会を作るときは「何したい？」「何がいいの？」ではなくて、こちらが選択肢を用意してその中から選んでもらうようにします。

なぜかというと「何したい？」「何がいいの？」と聞かれても、質問の意味がわからない、もしくは、聞かれていることはわかってもどう答えていいかわからないことがあるからです。こちらは選択機会を作っているつもりでも子どもにはわからないのです。

基本的に選択肢は「子どもが見てわかるもの」を用意します。

文字はわからないし、ことばもわからないかもしれない段階だと、実物か写真かイラストを見せることになります。その際、本物そっくりの写真や絵より、かえって簡略化したイラストの方がわかるということもあるので、「これならわかるだろう」と決めつけずに、どの方法だとわかるのかを探ってください。

◇選択場面の基本――どっちがいい？

最も基本的な選択場面は、２つの物から選ぶ形です。

最初のうちは、全く異なる用途、形状、大きさの物を選択肢として示してみるといいと思います。

例えば、「ミニカー」ＶＳ「スリッパ」の写真を２つ提示して、「どっちで遊ぶ？」と選んでもらう。

選択行動に慣れてない場合、２つとも子どもにとって魅力的な物にしてしまうとどっちがいいか迷ってしまって選択できなかったり、挙句に両方取ってしまったりするのです。それだと「選択」になりません。

でもスリッパだと「ううむ、ミニカーとどっちがいいかな」と迷う子はまずいない。

ちゃんとミニカーを選択します。

こちら側でそういう「仕掛け」はしているのですが、子どもはきちんと選びました。立派な選択行動です。

初めはこのように2つの選択肢に差をつけますが、子どもが「選択する」ことに慣れたら、徐々に子どもがどっちを選ぶか、皆さんが予想できないような、両方好きそうなものから選んでもらうような選択場面を作ってあげるといいと思います。

◇子どもに豊かな選択肢を

繰り返しになりますが、選ぶことはとても大切なことなのです。ある専門家は、生活の質の向上とは「自分で選びたくなる選択肢が拡がることである」と言っています。これしかない、ではなく、「どれにしよっかなぁ」と選択肢がたくさんあることが、より豊かな生活だということです。

子どもにもたくさんの選択肢を用意してあげてください。

子どもが選びたくなる「物」や「やりたいこと」や「会いたい人」を選択肢としてど

んどん子どもに示してあげてください。その中から子どもが自分で能動的に選ぶことができるように応援してあげてください。

選択行動に慣れると、お店で写真のついたメニューを指さして「ボクこれにする！」と注文できます。そうやって選択行動によって自分の得たいものを得られるのです。

◇子どもに合わせて選択機会を設定する

ただし、自閉スペクトラム症の子どもの場合は、時に選択することにストレスを感じることもあります。そういう場合は無理に選択させずに、関わる人が「これをやろう」とやることを前もって設定してあげます。

この辺りは個人個人の様子を丁寧に観察して、子どもの状況に合わせて選択行動を促したり、逆にあえて選択させないという対応をする必要があります。なんでも選ばせたら嬉しいというわけでもないのです。

また、1つの選択場面で示される選択肢が多すぎると混乱してしまう子もいます。そういう場合は選択肢を少なくすることもあります。

3 「これがいい！」「こっちにする！」子どもの選択結果の示し方

◇選択の結果を子どもはどうやって伝えるか？

子どもが選んだ物をどのような方法で伝えてもらうか。

相手にわかりやすくて子どもの判断が正確に伝わり、子どもが表現するときに簡単な方法がいいです。そういう方法であれば、視線や手で取ることや指差しやうなずきやことば、何でもかまいません。

ただ知っておいていただきたいのは、子どもによっては自分の意志と関係なく、一定の条件のものを選ぶ場合があるということです。

例えば「AとBどっちがいい？」と聞くと必ずB、つまり、後で言う選択肢を答えたり、選択するものを左右に並べて置くと利き手の側や自分の見えやすい方を取ってしまう、というようなことです。

そのような様子が見られたら選択肢を言う順番を変えたり、場所を変えたりして確認することを考えます。

また「AとBどっちがいい？」とことばで聞くと、オウム返しに「AとBどっちがいい？」と聞いてくる場合もあります。

そういうときはことばで尋ねるのではなくて、見せてあげるといいです。好きな方を見たり、指差しをしてくれればどっちがいいのかわかります。

◇ここには欲しいものはありません

もうひとつ大切なことは、提示した選択肢の中に子どもが選びたいものがないかもしれないことを考慮することです。例えば、りんごとバナナを出してどっちが食べたい？と聞く。どちらも取らない。どうしてだと思いますか？

「お腹がいっぱい？」

それも考えられますね。でももしかしたら、そのときはりんごもバナナも嫌で、どうしてもイチゴが食べたかった、ということも考えられるのです。

選択行動の際、「どちらでもないよ、ここには自分の選びたいものがないよ」という表現ができることは、とても大事です。

「りんごとバナナどちらが好きですか？」という問いに対して、好きな物はここにはありません、例えば「ない」とことばや首を横にふるなどで表現できたら、今出されている選択肢を変えてもらうことができます。そして自分の本当に欲しいものを得ることができます。

◇過適応

ところで、子どもは好きでもないのに相手の気持ちや要求を取り込んで、「これがいい」ということがあります。これを過適応といいます。

この人に対しては自分の選択を表明していいのだという信頼感がない場合に、欲しい物がないと言うことができず、欲しくもないのにこっちがいいですと言ってしまうことがあるかもしれないのです。

それを社会性の現れと受け取ることもできるかもしれませんが、ここぞという大切な場面ではきちんと、ここに好きな物はないんだ、示された選択肢は受け入れられないのだ、と表明をする力が必要です。

そうでないと、とても嫌なこと、辛いことを我慢することになってしまうかもしれないからです。

そのために、まずは「ここぞという大切な場面」でない、日常の選択場面で、「どちらでもない」ときちんと表明できるようにしていきたいと思います。

それと同時に子どもの選択を正しく知るには、子どもが安心して「はい」「いいえ」を言えるように、選択機会を作る人間と子どもの関係が良好であることも必要です。

◇選択行動の尊重と思い込み禁物

選択場面を作り、子どもが選択行動をとって選んだら、子どもの選択を尊重しましょう。例えば選んだ遊びが子どもにとって難しくても「違うのにしたら?」と言わないで、うまくいくようにサポートするのです。

「こうしたらできるけどやってみる?」と援助をしてあげます。

それから、前回この遊びを選んだから今日もこれを選ぶだろうという思い込みをしないことです。カレーが好きな子だからといって、いつもカレーが食べたいわけではないのです。

4 選択機会の保障を通して子どもとの信頼関係を築く

選択機会を作るとき、普通は「子どもが好きそうなもの、選びそうなもの」は何だろうと考えてそれを選択肢にしますよね。

人形遊びも積み木も嫌いなのを知っていて「お人形と積み木とどっちがいい？」とは聞かないでしょう。

もちろん、いつも子どもが選びたいものを選択肢として用意してあげられるわけではありません。

でも、それでいいのです。

選択機会を作ろうとして「子どもは何を選びたいだろう？」と考え、子どもの気持ちに接近しようとすることは、それだけでとても大事なことなのです。

そういうことを重ねることで子どもは、「選んでいいのだ」と感じます。

そして「お父さんはボクの好きなことを選ばせてくれる」「ここに好きな物がなかったらないよって言っていいんだ」と実感し、あなたを信頼します。

世の中は子どもの思うようにいきませんから、子どもがあきらめたり我慢が必要な場面があります。そのとき、この「信頼」がモノを言います。

発達障害のある子全体に言える傾向なのですが、子どもたちは定型発達の子どもに比べて、なかなか選択機会を作ってもらえない中で「選択する」方法を知らず、「選択する」力が育ちません。そのために自分の能力や理解にあった選択をする力、適宜、周囲の援助を仰ぐ力を養うことができないでいます。

その結果、自分のやりたいことや欲しいものを得るために周囲を困らせたり、自分の能力とかけ離れたことをしようとしたりするようになります。

例を挙げましょう。

特別支援学級に通う小学部2年の美羽ちゃんは、先生が提案する学習課題が気に入らないと、奇声をあげながら学習プリントを机から払い落とし、先生の髪の毛をつかもうとします。

そして、美羽ちゃんには難しすぎるプリントをやらせることを先生に求めてきます。

美羽ちゃんはどうしてこのような行動をするのでしょう？　先生はどうしたらいいのでしょう？

まず、美羽ちゃんには選択機会が与えられていません。
最初から「美羽ちゃんはこれをやってね」とプリントを渡されるのです。

そうではなくて「これは美羽ちゃんがひとりでできる簡単な課題」「これは先生と一緒にやる少し難しい課題」「先生とやってもちょっと今の美羽ちゃんにはできないかなというすごく難しい課題」この中のどれにする？　という選択機会を作るのがひとつの方法です。

選択機会を作って自分で選ばせると「簡単すぎてつまらなかった」「結局、できなくて嫌だった」という、本人にとっておもしろくない結果も比較的、穏やかに受け止めます。
また、こういう選択機会をたくさん経験すると、

●「ひとりでできるよ」と言われたものを
自力でやりとげたら嬉しかった　／　できるに決まってるものだから簡単すぎてつまらなかった

●「先生と一緒にやろうね」と言われたものを
助けてもらってできたら気持ちよかった　／　自分だけでやれなくてつまらなかった

●「難しいぞ〜」と言われたものを

結局できなかったけど頑張ったから満足した　／　結局できなくて達成感がなかった

など、どういう難易度の課題に対して、自分がどういう受け止め方をするか、というようなことがわかってきます。

「先生がこれは難しいよっていうのは、私がやるとできなくって嫌な気持ちになっちゃうやつなんだな」というようなこともわかるようになってきます。そういう中で、自分の今の気持ち、「助けてもらって難しいのに挑戦するか、自分でやる達成感を得たいか」などと、大人が示してくれる課題の難易度を勘案して、「簡単」「ちょいムズ」「激ムズ」を選べるようになるのです。

このように選択機会を設定し、子どもが選択行動ができるようになることは、子どものさまざまな成長を支えます。

ですから、どんどん、ちょっとした場面…バナナとりんごどっちにする?、この中のどのハンカチにする?、今日の入浴剤を選んでね、クマさんとうさぎさんとどっちを先にねんねさせようか?…で選択機会を作ってあげてほしいのです。

⑥ コミュニケーションは現場で起きている
——交渉・合意の効果

◇選択がぶつかるとき

さて、ここまで読んで皆さんの中には、「子どもの選択が他の人の選択とぶつかったらどうしたらいいの？」という疑問がフツフツと沸いているのではないかと思います。例えばお兄ちゃんはカレー、妹は唐揚げが食べたいって言う、お父さんは鍋がいいって言うし（お父さんは大人だから当然我慢すべきというのは違います。お父さんの選択も大事な選択です）、テレビのチャンネル争いとか……。

そういう場合はどうするのか？

家族にしても他の集団にしても、人は有限の時間、場所、環境、資源の中で一緒に暮らしています。当然、それぞれの要求がぶつかることがあります。

そういう中で人が仲良く暮らしていくためには、

・世の中のルールを知ってそれを守る
・自分以外にも人がいて、人には人の望みがあることを理解し、それと折り合いをつける

ことが必要です。

この2つを理解できないと、生きていくことができる範囲はとても狭くなってしまいます。

◇簡単なルールを守る

人間は大人も子どももルールを守りながら生きています。まずそのことを子どもにも少しずつわかってもらうようにしたいです。

そのために、まずは家族の中でのルールを決めて、それを守ってもらうようにしましょう。本当に簡単な、子どもに努力を強いない、こだわりなどに関係しないことからでいいのです。例えば

・食事を終えたら自分の食べた物を洗い場に持って行く
・靴下を脱いだら洗濯機に入れる

そういうことからでいいのです。

「さあ、靴下を洗濯機に入れに行こう！」とうながして一緒にやっているうちに、自分からやるようになるかもしれません。

子どもが守れるルールであることは大事です！

ルールを決めても結局守れないということが続くと、ルールは守らなくてもいいんだ！ということを学んでしまいますから。

◇話し合い、交渉、合意

次に、折り合いをつける、という点です。

子どもの望みや意見が他の人の望みや意見とぶつかる場合、「お兄ちゃんカレー、妹唐揚げ、お父さんは鍋」の場面です。私たちの日常でも同じようなことがいくらでもあると思うのですが、そういうとき、私たちはどうするでしょう？……話し合いですね。仕事だったら交渉です。それぞれの立場や利益、不利益をすり合わせながら、話し合いや交渉をします。

子どもの場合も同じです。周囲の人たちが提案して交渉して、合意をするのです。子どもと交渉して合意を形成するなんて無理に聞こえるかもしれないですが、その内容は選択行動を伸ばしていこう、というところでお話ししたこととかなり重なります。

例えば、遊びでも活動でも食べ物でもいいですが、子どもが得たいものを今はあげられないとき、代わりのものを提案して選んでもらうのです。

提案した中に子どもが得たいものがあれば、それで交渉成立。

もしなければ、あなたができる範囲で再提案をする。

そして、そこで子どもが得たいものがあれば交渉成立。

もしも、子どもがあなたが提供できないものを求めてきたら、手持ちの物でどうにかなりませんかと再交渉です。

大きくなって、ことばや時間の概念がわかるようになったら「君の願いはわかった。でもごめん、それは今日は無いんだよ」と伝えます。そして、その物が将来入手できる場合は、見える形でいつ入手できるかを示してあげます。カレンダーに記入するとかですね。そして、今日は無いけど、この日になったら手に入る、それではどうかと再交渉です。

◇交渉事を減らすコツ

洋平君は5歳の保育園児。

好きなDVDを見始めると切り上げる、ということができません。

今日もそうです。お母さんはお客さんが来るので、洋平君を連れてさっさと買い物に行きたい。

「洋平！　もういい加減にしてちょうだい。出かけるわよ」

「あと、もう少し」

「全くもう！　出かけるって言ってるでしょ！」

「やだよ。これ見る」

「洋平っっ！！（怒）」


子どもと要求がぶつかったら交渉と言いましたが、そもそも子どもとの交渉が必要になる場面が減ればその方がいいです。

そこは、交渉事を減らすコツがあります。

子どもが何かを始める「前に」、選択機会を作ってあげるのです。

例えば子どもに特に選択肢を示さないままにしておくと、子どもは勝手に何かを始めます。まさに洋平君ですね。

そして、始めてしまったことが大人にとって困ることだと「何やってんの！」と怒られてしまう。そして「今はそれやめてよ」「え～僕やめたくないよ」という「交渉が必要な場面」になってしまうのです。

でも、子どもが何かを勝手に始めてしまう前に選択肢を示して選ばせてあげれば、そもそも交渉をしなくてすむ可能性は高くなります。

子どもが行動する「前に」がポイントです。

子どもが「これならいいな！」と選びたくなるような選択肢を用意して、選ばせてあげてください。そうすれば子どもとしても怒られないで、自分が選んだもので気持ちよく過ごせるのです。

先ほどの例でいうと、洋平君がＤＶＤをテレビにセットする前に言うのです。

「洋平、今日はお客さんが来るからお母さんはお買い物に行きます。洋平も今はＤＶ

Dを見ないで、お母さんとお買い物に行ってみんなで食べるお菓子を選んでくれる？それともお母さんがお菓子を全部選んでもいい？」
など、好きなお菓子を選べるなんてビッグチャンスです。100パーセント乗ってくれるとは限りませんが、試してみる価値はあります。

◇選択行動・交渉を通して子どもとの信頼関係を築く

選択機会を作ってあげようとしても、そのうち、子どもの希望がどうしても叶えられない場面が出てきます。お母さんが提案できるものが子どもには受け入れがたいことがあります。

交渉が難航する場面です。

子どもにしてみると、例えばどうしてもりんごが食べたい。「りんごじゃなきゃ嫌だ、え？無理？ボク、嫌だ！」となる。でも、信頼する家族が言うのだから、やっぱり無理なんだ、りんごはないんだ、そういうことがあるのだ。じゃあ、信頼する家族が提案してくれる中から本意ではないけど、嫌だけど、自分のまあまあ納得することを選ぶとするか、みかんでいいよ、みかんでいいことにする、という結果を子ども自身で選ぶ。そして、本来の望みでないことを受け入れる。それが大切です。

大人の交渉事も同じです。取引実績があって相手を信頼していればこそ、ちょっと苦しい仕事も受けたり、お互いさまという気持ちにもなるものです。

ですから、先ほどからお話ししているような信頼関係がまだできていない中で子どもに、これはダメ、無理、できない、あげられないと言って納得して受け入れてもらおうとしてもなかなかすんなりはいきません。

まずは子どもの願いを叶えようとする、選択機会を作る、など、これまでお話したことすべてを通じて子どもとの信頼関係を築くことが子どもとの交渉をする上で、とても大事なことなのです。

◇社会との折り合いをつけることができる力をつける

私はここまで「子どもの願いを叶えよう」と再三、言ってきました。

でもそれは、何でも子どもの言うとおりにしましょうということではないのです。子どもも人が作る社会の中で生活する以上、世の中のルールや仕組みを理解して、それに応じて生きることは必要です。

世の中、自分以外にも人がいて、人には人の望みがある。だから自分の希望をゴリ押しすることはできません。

相手の立場や提案を意識して、そして状況に応じて交渉して、納得して、自分のことを決めていけるようになってほしい。

そのためにはまず、家族の中で小さなことから、交渉したり合意したりするという経験を重ねていくことが大切です。

「お父さんはお外でお仕事して寒かったから、今日はあったかいお鍋がいいんだね。ふうん。それならボクのカレーは明日でいいや」

こういう経験です。

人との関係の中で人間は育ち、生きていきます。交渉、合意の習慣は、自分のことを**決めていく、社会との折り合いをつけていくという、社会で生きていくための大切な智《ち》慧《え》となると思います。**

まとめ

1 子どもにも事情がある！　アイコンタクトは強要しない

2 得意な操作模倣をたくさんしてもらおう

3 子どもがわかる伝え方をしよう
——短いことばで具体的肯定的に、時間の流れを示す工夫

4 オノマトペを上手に使おう

5 選択機会をたくさん作ろう

6 子どもとの交渉・合意

エピローグ

子どもと家族の幸せへの道筋

1 子どもへの理解を！——サポートブックの活用

◇サポートブックとは

発達障害のある子が保育園や幼稚園や学校に通うようになり、友だちや先生方などと日々関わるようになると、新たな「困難」が子どもと保護者にやってきます。

「先生方にこういうところに気をつけていただきたいと話はするが、なかなかうまく伝えられません」

「年度が替わると先生が変わってしまって、また同じことを繰り返しお話ししなくちゃいけなくて、なかなかエネルギーを使います」

このような悩みを解消して、子どもが関わるさまざまな人に子どもに合った理解と対応をしてもらうための強力なツールが、『サポートブック』と言われるものです。

◇サポートブックの6項目

サポートブックの具体的な内容は6つです。

①名前、家族構成、愛称、住所、通院している機関、投薬の有無などの健康面での留意事項

②日常生活での更衣、排泄、食事、準備、片付けが今現在、どれくらいできるかそして、どういう援助をするとうまくいくか

③コミュニケーションに関して言語理解、表現方法、安心する関わり方やコミュニケーションのコツ

④感覚調整障害の有無とそのときの本人の状況、対処法、パニックの有無と状態と対応法、こだわりや気になる癖、不適切行動の有無と原因、その状態と対処法

⑤好きなこと、遊び、余暇の過ごし方

⑥その他

◇サポートブックは簡潔にシンプルに

サポートブックを書くときには、子どもに関わる人にこれだけはわかってほしい！　という情報を厳選して、できるだけ簡潔に、シンプルにまとめることが大切です。

なぜなら、

先生たちは忙しいからです。

たくさん書いてあると読む時間が取れなかったり、先生の興味があるところ以外は頭に入らなかったりするのです。わかってほしいことを確実に伝えるためには、内容を厳選して簡潔にシンプルに！　というのがキモです。

◇サポートブックに子どものベストショットを貼ってみるのも手

是非やってみてほしいことがあります。お子さんの赤ちゃんのときから最近までの写**真の中からベストショットを選んでサポートブックに貼ってみてください。**

そして空きスペースを作って、「ここに先生とウチの子のベストショットを貼ってください」と言って、今年の担当の先生に渡してください。

その空きスペースには数か月後にはきっと、サポートブックを活用して子どもと先生が笑いあえる関係になって撮ったベストショットが貼られることでしょう。

ベストショットを探してこれまでの写真を見返していると、子どもとあなたの成長が実感できます。

サポートブックを書くことは、子どもの成長とご家族の変化を確認するきっかけにもなるのです。

それからもうひとつ。

子どもは成長します。**子どもが成長してきた部分や援助のしかたの変更があったら、サポートブックを適宜改訂していきましょう。**

②キャリア教育のはじまり――就学相談

◇就学はキャリア教育の始まり

発達障害のある子が療育を受けながら成長していく中で「就学」の時期になると、どの学校に進学させるかという問題が起きてきます。

発達障害のある子が就学する場合、普通級、特別支援級、特別支援学校の３つの可能性があります。

子どもの状態と学校選択の基準ですが、一般的に、学習やその物理的環境への適応、級友との最低限の交流が可能な場合は普通級、机に向かって少し学習ができそうなら特別支援学級、いわゆる身辺自立の課題がいろいろあって机に向かっての学習的な課題が難しいときは支援学校と言われています。

コミュニケーションがある程度できる子は特別支援級で、それが難しい子は特別支援学校という考え方もあります。

◇イキイキした姿を想像できるところを選ぶ

ただ私は選択をする際には、「発達テスト」の結果やこれができる、できないということだけで考えるのではなく、その集団で本人が自分自身に肯定的に向き合うことができる場所、自身の存在意義や役割を感じることができる場所はどこか、という観点で考えてほしいと思っています。

成長していくにつれてお子さんもいろいろ大変なことに出会うと思います。

そういう試練に出会ったときに踏ん張るためのエネルギーの源は、自分自身にイエスと言えたり、成功体験があったり、楽しみがあったりすることだと思うのです。

だから学校も子どもがそういう成長ができる場所を選びたい。

子どもの得意なところ、素敵なところを大切にして苦手なことは助けてもらえる場所がいい。そういう環境で安定した精神状態を保ちながら、本人の意欲や自尊感情や人との信頼関係を育てたいと思うのです。

結果として、「お子さんがイキイキしている姿を思い浮かべることができるところ」

がいい、と私は思っています。

◇見学のススメ

保護者の思いはもちろんいろいろだと思いますが、本人がその学校やクラスを好きになれるか、ということはとても大事です。

市町村によって運用はさまざまでしょうが、可能であればお子さんと一緒にそれぞれの学校を見学してみてください。

そこでのお子さんの様子も参考にしてほしいと思います。

③ まとめに代えて——幸せになりましょう！

「はじめに」でお話ししたように、「発達障害のある子と家族に幸せを実感しながら日々を生きてほしい」というのが私の志です。この志を立ててから私は、「幸せって何だろう?」「人はどうすれば幸せを感じながら生きられるのだろう?」ということを一生懸命考え、幸せについての本を読みあさりました。

その中で私は近年、幸せについての科学的な研究が進んでいることを知りました。この本の最後に幸せについての科学的な研究の成果の一端をご紹介しながら、もう一度、「幸せとは何か」について考え、コミュニケーションと幸せの関係についてみつめてみたいと思います。

◇幸せはどこにあるか？

幸せは富や名誉じゃない。よく聞くフレーズですが、これは本当でしょうか。

近年、幸福に関する調査やポジティブ心理学や幸福学という学問分野において、「幸せ」とは何か、人はどういうときに幸せを感じるのか、という科学的研究が進んできました。


例えばハーバード大学の75年にわたるGrant Study研究では、ハーバード大学に在学した268人の男性を対象に、幸せはどうしたら得られるのかを調査するために彼らの人生を追跡しました。

結論として導き出されたのは、「幸福」と「健康」、そして「暖かな人間関係」の3つのもつ強い関係性でした。特に「幸せ」と「暖かな人間関係」は強い関係性をもつことがわかりました。

『世界幸福度ランキング上位13ヵ国を旅してわかったこと』の著者のマイケ・ファン・デン・ボームは、幸福度の高い13ヵ国の人にインタビューした結果、幸せに共通点をみつけたと言います。

ボーム氏によれば、幸せとは「幸せな人間関係のこと」だというのです。

世界でも幸福度の高いこれら13ヵ国の人々は皆、「人との関係の中に幸せがある」と答えているのです。

また、日本の幸福学の権威である慶應義塾大学の前野隆司教授は、幸せを構成するものを幸せの4つ葉のクローバーで表しています。①やってみよう因子（自分の得意なことを伸ばす）②ありがとう因子（つながり、感謝、愛情、親切）③どうにかなる因子（楽観性）④あなたらしく因子（自分らしいペースで）です。前野教授はこれら4つの因子を自分のできるやり方とペースで育てるアクションを起こすことで、人はさらに幸せになることができるとしています。

ソニア・リュボミアスキー教授は、多発性硬化症を伴う患者5人が人の話を聞く技術を教わり、相互支援として同障害の患者さんに月に1回15分のボランティア活動を3年間行った追跡調査をしました。結果、その5人の自分自身の人生に対する満足度、自信、達成感が向上しました。また、学生に週1回5つの親切行動をするようにさせた実験でも、学生の幸福度が上がることが示されました。

ここで言われているのは、「どういう自分であれば幸せであることができるか」「どういうアクションをとることで幸せになれるか」、前野教授のことばを借りれば幸せの「因子」は何か、ということです。

そしてこれらの研究に共通しているのは、「幸せの因子」はいずれも「人の中にあるもの」だということです。

前野教授の「楽観性」であれ、リュボミアスキー教授の「人に親切にすること」であれ、「幸せの因子」はその人のあり方に関するものであって、お金、学歴、名誉など自分の外にあるものを獲得せよ、ということはどこにも出てきません。

そして、それが真実ならば、「幸せになる」ために、例えば富や名声など外部の何かを獲得する必要はないということです。

これは言い換えれば、幸せは自分で創れる、ということです。


何を綺麗ごとを、と思われるでしょうか。

しかし、ポジティブ心理学や幸福学が積み重ねてきた知見は、科学的に実証的に具体的に、「幸せは自分で創れる」ことを示しているのです。

◇幸せとコミュニケーション

では、人はどうやってその幸せの「因子」を身につけて「幸せであることができる自分」になり、「幸せになるアクション」を起こすことができるようになるのでしょうか。

それは「コミュニケーション」によって、です。

「幸せの因子」は人との関わりの中で、人とのコミュニケーションを通じて育っていきます。

・カレーを作ったら家族が「美味しい」と言って褒めてくれた
・お母さんの買い物袋を一緒に持ったら、「ありがとう」と言われて喜びを感じた
・自分で選んだ洋服の色をお母さんが「似合うね」って言ってくれた
・運動会の徒競走で転んだけど、家族が「がんばってたよ」と慰めてくれた

日々のこのような経験がその子の中にしみこんで、楽観性であったり、人に親切にすることであったりという、幸せになる考え方と態度、「幸せの因子」を育てます。

そしてそうやって身についた「幸せの因子」はその子の生涯を通じて、その子の幸福の源になります。

先ほど「幸せの因子」を育てる経験として挙げたものはいずれも、私がコミュニケーションのコツの中で取り上げてきたものです。

家族がコミュニケーションのコツを知って、発達障害のある子との豊かなコミュニケーションを重ねることはそれ自体が「幸せだなあ」と感じる経験であり、幸せな状態そのものです。

それと同時にそのような豊かなコミュニケーションはこうして「幸せの因子」を育て、子どもの将来にわたる「幸せ」を創るものでもあるのです。

◇幸せになりましょう

この本を読んでくださった皆さん！

子どもと家族で豊かなコミュニケーションを重ねて、幸せと感じられる経験を重ね、家族の現在とそして未来にわたる幸せを創っていってください。それはどの子どもにも、どの家族にも可能なことです。

お子さんらしさを大事にしましょう。そして、お父さんお母さんらしさも大事にしましょう。自分らしさを大事にしながら重ねたコミュニケーションの先にある家族の幸せは、世界に2つとないその家族だけの幸せです。

家族でたこ焼きを買って食べることが幸せ、お母さんにアンパンマンの絵を描いてもらうのが幸せ、お父さんと一緒の布団で寝るのが幸せ、兄弟で協力しながらブロックでお城を作るのが幸せ……。

みんなが「それって幸せだよね～」という平均的な幸せをめざす必要なんてありません。

お子さんとご家族だけの、世界に2つとない形の幸せを創ってください。

それがこの本の願いであり、祈りです。

幸せになりましょう！

子どもとともに

解説

すべての人は幸せになるべきである

慶應義塾大学　前野隆司

原哲也さんの本を読ませていただき、感動しました。原さんのありかたに。発達障害の支援に何十年も関わられ、発達障害の方のことを深く理解し、彼ら／彼女らの立場から、人は彼ら／彼女らとどのように接すべきかということを、丁寧に書かれた原さんの愛の深さと誠実さに、感動しました。章を追って読み進めるにつれ、長年にわたる真摯な人間理解の成果がにじみ出ていることに感服しました。本書は、原さんが、「人のことを理解して接する」というコミュニケーションの基本を長年着実に実践されて来たことの集大成です。

障害者問題に接するとき、私はなんとも言えない違和感を感じることがあります。「障害者の人はかわいそう」「私は障害者でなくてよかった」という無意識の差別意識を垣間見るときに。読者の中には、そのように思っている方はおられませんよね？　おられないことを祈っています。

今からさかのぼること30年。私はカリフォルニア大学バークレー校で学んでいました。バークレーは、今も昔も社会問題への高い意識で有名です。バークレーに2年間住んでいて驚いたことのひとつは、さまざまな形の車いすで、体の不自由な方が生き生きと行き交っておられたことです。彼らは、かわいそうな人ではない。障害を個性として受け入れ、幸せに、伸び伸びと生きる人たちでした。そして、他の人たちの目線は、あたりまえのように対等でした。もちろん困っている人がいたら手助けしますが、それはかわいそうな人とかわいそうでない人という縦のランキングによる上から目線ではなく、対等な友人が困っているから当然助けるという水平な目線だったのです。当時の私は彼らの認識差・文化差に呆然としました。

健常と障害という分類は単に医学的な便宜上のラベリングに過ぎません。病名を付けて分類しないと対処できないから、医学は病名を付けます。宇宙ステーションから見たら地上のどこにも国境はないのに人は政治的に国境を作るのと同じです。人間には個性はあるけれども尊卑はない。区別はない。当然のことです。水平的な個性としての差はあるけれども、垂直的な優劣としての差はない。誰もが幸せになる権利をもっている。だから、多様な個性をもった70億人の人類が、多様な個性を尊敬し合いながら共に生きるべきである。これがインクルージョンの原則です。現代の世界の常識です。ところが、日本には、意識レベルがそこに至っていない人が少なくないと感じることがあります。もちろん私はそんな人を責めているのではなく、この国の教育、政策やさまざまな制度がまだ未熟であることを残念に思います。それを憂います。

本書のフォーカスである発達障害も、もちろん、同様です。発達障害をかわいそうに思ったり、逆にそのすばらしい知的能力を興味本位で不思議がったり感嘆したりしていませんか。ぜひ、そうではなく、対等な友人の個性のパターンについて学ぶ書として、この本を読んでいただきたいと思います。

自己紹介が遅くなりましたが、私は「幸福学」（well-being study）の研究をしている前野隆司と申します。原さんの本のエピローグにも少し登場しています。ありがとうございます。幸福学とは、どのような人が幸せで、どのような人は幸せでないのかを、心理学・統計学などの科学によって明らかにする学問分野です。世界中で研究が行われた結果、どんな人が幸せなのかがわかってきました。幸せな人とは、「多様な仲間とともに、自分らしく、前向きに、ワクワクしながらやりたいことにチャレンジしている人」です。逆に、不幸な人とは、他人と自分を比べる人。金持ちかどうか、障害があるかどうか、テストの点はどうか、地位はどうかと、他人と比べる人の幸福度は低いことがわかっています。逆に、インクルーシブな世界理解をしている人は幸せです。人類70億人には、70億通りの個性がある。すべての個性は尊重され、尊敬されるべきである。先程も述べたように、差は垂直的な優劣ではなく、水平的な個性の差なのです。すべての人が尊いのです。このような世界観に立つと、差異は尊重し尊敬されるものとして記述されるはずです。

そして、お気付きの通り、本書はそうなっています。発達障害者の目線に立って、深く理解した上で、その内容が記述されています。

例えば、彼らの願いは、①尊重されたい、②安心したい、③信頼できる人に出会いたい、④「できることがある」と感じたい、⑤楽しみたい、⑥人とつながりたい。

いかがです？　みなさんの欲求と同じですよね。みんな、願いは同じ。個性が違う。個性が違うから、70億人、70億通り、接し方が違う。当然です。本書は、たまたま発達障害という名前で医学的に呼ばれている人たちの特徴について、愛を込めて書かれた書です。

すばらしいですね。原さん、尊敬します。こんな書が、もっともっと増えることを心から願っています。足が不自由な方の特徴とか、性同一性障害の方の特徴とか。もちろん、障害だけではありません。芸術が得意な方の特徴、背が高い人の特徴などなど、70億通りの個性を70億人が理解し合って、尊重し、尊敬し、愛し合う世界が来ることを、心より祈っています。

みんながみんなを尊重し、尊敬し、愛する世界ができたら、それは平和な世界ですよね。本書の読者の皆さんと、その関係者の皆さん、原さん、そして、70億人の世界人類の皆さんが、自分らしく、幸せに生きていけることを、心の底から願っています。

そんな理想世界を作るためにできることは、みんながそれぞれ一歩を踏み出すことです。みんなでやれば、できます。それぞれの個性と強みに応じて、一歩ずつ、進みましょう。みんなで力を合わせ、みんなが幸せな世界を構築しようではありませんか。

のこと　NHK「幸福学」白熱教室』ＫＡＤＯＫＡＷＡ／中経出版
奥田健次・小林重雄（2009）『自閉症児のための明るい療育相談室―親と教師のための楽しいABA講座』学苑社
ポール・タフ／高山真由美訳（2017）『私たちは子どもに何ができるのか―非認知能力を育み、格差に挑む』英治出版
Robert Jason Grant（2016）"Play-Based Interventions for Autism Spectrum Disorder and OtherDevelopmental Disabilities" Routledge
榊原洋一（2012）『エビデンスに基づく乳幼児保育・発達障害トピックス』診断と治療社
榊原洋一（2016）『最新図解 発達障害の子どもたちをサポートする本（発達障害を考える心をつなぐ）』ナツメ社
佐々木正美（2008）『「育てにくい子」と感じたときに読む本―悩み多き年齢を上手に乗り越えるためのアドバイス』主婦の友社
佐々木正美（2015）『発達障害の子に「ちゃんと伝わる」言葉がけ（あんしん子育てすこやか保育ライブラリー special)』すばる舎
「精神科治療学」編集委員会（2014）『精神科治療学 Vol.29 増刊号 2014年10月〈特集〉発達障害ベストプラクティス―子どもから大人まで―』星和書店
千住淳（2014）『自閉症スペクトラムとは何か：ひとの「関わり」の謎に挑む』筑摩書房
ソニア・リュボミアスキー／渡辺誠監修（2012）『幸せがずっと続く12の行動習慣 』日本実業出版社
杉山登志郎（2007）『発達障害の子どもたち』講談社
田中康雄（2011）『発達支援のむこうとこちら』日本評論社
田中康雄（2014）『イラスト図解 発達障害の子どもの心と行動がわかる本』西東社
辻井正次・アスペエルデの会（2012）『楽しい毎日を送るためのスキル―発達障害ある子のステップアップ・トレーニング』日本評論社
植松努（2009）『NASAより宇宙に近い町工場』ディスカヴァー・トゥエンティワン
梅永雄二監修（2015）『15歳までに始めたい！発達障害の子のライフスキル・トレーニング』講談社
海野健（2012）『ママがする自閉症児の家庭療育』個人出版（HACの会）

参考文献

George Vaillant (2012) "Triumphs of Experience: The Men of the Harvard Grant Study"Belknap Press

花園大学心理カウンセリングセンター監修　橋本和明編　滝川一廣・上野一彦・鯨岡峻・大島吉晴・小海宏之 (2012)『発達障害支援の可能性：こころとこころの結び目 (花園大学発達障害セミナー 4)』創元社

本田秀夫 (2013)『自閉症スペクトラム 10 人に 1 人が抱える「生きづらさ」の正体』SB クリエイティブ社

本田秀夫監修 (2015)『自閉症スペクトラムがよくわかる本 (健康ライブラリーイラスト版)』講談社

本田美和子／イヴ・ジネスト／ロゼット・マレスコッティ (2014)『ユマニチュード入門』医学書院

池谷裕二 (2013)『自分では気づかない、ココロの盲点』朝日出版社

池谷裕二 (2017)『パパは脳研究者 子どもを育てる脳科学』クレヨンハウス

池谷裕二 (2018)『脳には妙なクセがある』新潮社

岩永竜一郎 (2014)『自閉症スペクトラムの子どもの感覚・運動の問題への対処法 』東京書籍

Kathy Hirsh-Pasek・Roberta Michnick Golinkoff (2008) "A Mandate for Playful Learning in Preschool: Presenting the Evidence" Oxford University Press

木村順 (2014)『保育者が知っておきたい 発達が気になる子の感覚統合 (Gakken 保育 Books)』学研プラス

北出勝也 (2017)『クラスで楽しくビジョントレーニング：見る力を伸ばして学力 & 運動能力アップ！』図書文化社

小林重雄監修　山本淳一・加藤哲文編著 (1997)『応用行動分析学入門―障害児者のコミュニケーション行動の実現を目指す』学苑社

熊谷高幸 (2017)『自閉症と感覚過敏―特有な世界はなぜ生まれ、どう支援すべきか？』新曜社

前野隆司 (2013)『幸せのメカニズム 実践・幸福学入門』講談社

マイケ・ファン・デン・ボーム／畔上司訳 (2016)『世界幸福度ランキング上位 13 ヵ国を旅してわかったこと』集英社インターナショナル

NHK「幸福学」白熱教室制作班 (2014)『「幸せ」について知っておきたい5つ

ップは、親子の楽しい時間を提供することで、参加者に生きる喜びを感じてもらうこと、そして生きる力と人を喜ばす力を育むことを目的としている。心が大きく動く、感動の体験をしてほしいという思いから、講師には一流の技をもつ各界の著名人をお招きしている（京都吉兆・総料理長徳岡邦夫氏による料理教室、インター・フローラ・ワールドカップで唯一の日本人チャンピオンである村松文彦氏によるフラワーアレンジメント教室など）。

多くの学会で発表実績もあり、主な原著論文として「コミュニケーションパートナートレーニングが脳性麻痺児との相互交渉に与える効果」（2004，本コミュニケーション障害学会）が挙げられる。特別支援校などの教育機関や児童発達支援事業所などに対するコンサルテーションを行いながら、『発達障害のある子の家族を幸せにする』という志を実現すべく、県内外の発達障害のある子の親の会などでも講演会を開催している。これまで医療、教育、福祉分野での講演会の実績は多い。

一般社団法人 WAKUWAKU PROJECT JAPAN
〒 392-0027 長野県諏訪市湖岸通り 5-19-15
TEL/ FAX：0266-75-1226
お問合せ mail　info@waku-project.com
法人 FACEBOOK　https://www.facebook.com/wakuprojapan/
事業所ホームページ　http://www.waku-project.com/

解説　前野隆司
（慶応義塾大学大学院システムデザイン・マネジメント研究科教授）

イラスト　木下淑子
装丁　有泉武己

著者紹介

原　哲也（はら　てつや）

言語聴覚士・社会福祉士
一般社団法人 WAKUWAKU PROJECT JAPAN 代表理事

1966年生まれ、千葉県出身。明治学院大学社会学部社会福祉学科卒業後、単身カナダに渡り、ブリティッシュコロンビア州の障害者グループホームに勤務。カナダ政府外郭団体のインディアン支援プロジェクトにも参画。その後、ヨーロッパやアジアで障害児者施策、貧困層の生活地域リサーチを行う。帰国後、25歳で東京都文京区の障害者施設職員に。27歳で国立身体障害者リハビリテーションセンター学院・聴能言語専門職員養成課程に通学。東京大学医学部附属病院などで研修。29歳で長野県の信濃医療福祉センター・リハビリテーション部に専門職員として勤務。1999年『言語聴覚士』資格（1997年に国家資格化）を取得。2005年に病院を退職した後も、委嘱を受けて市町で発達相談および保育園、学校への巡回相談業務に携わる。年間400件、現在まで5,000件以上の相談経験をもつ。並行して会社を立ち上げ、飲食店の経営をしながら障害者雇用の創出を試みる。多くの相談経験を経て、発達障害のある子どもの幸せと同時に、子どもと共に生きる「家族」の幸せが大切であるとの思いを強くもつようになり、2015年10月に『発達障害のある子の家族を幸せにする』ことを志に、一般社団法人 WAKUWAKU　PROJECT JAPAN を長野県諏訪市に創設。

現在、幼児期の療育を行う児童発達支援事業所『WAKUWAKU すたじお』、乳幼児期から青年期までの障害のある子のプライベートレッスン、保育士・教諭を対象にした専門講座、主に発達障害がある子と保護者を対象とするワークショップなどを運営している。ワークショ

発達障害のある子と家族が幸せになる方法 ©2018
――コミュニケーションが変わると子どもが育つ

2018年９月20日　初版第１刷発行
2021年８月10日　初版第２刷発行

著　者　原　哲也
発行者　杉本　哲也
発行所　株式会社学苑社
東京都千代田区富士見２-10-２
電話　03（3263）3817
Fax.　03（3263）2410
振替　00100-7-177379
印刷・製本　藤原印刷株式会社

検印省略

乱丁落丁はお取り替えいたします。
定価はカバーに表示してあります。

ISBN978-4-7614-0801-5　C3037